千古奇案系列

梦回大周
看奇案

姜正成◎著

吉林出版集团股份有限公司

图书在版编目(CIP)数据

梦回大周看奇案 / 姜正成著. —长春：吉林出版集团股份有限公司，2018.7
ISBN 978-7-5581-5539-0

Ⅰ.①梦… Ⅱ.①姜… Ⅲ.①中国历史—周代—通俗读物 Ⅳ.①K224.09

中国版本图书馆 CIP 数据核字(2018)第 149786 号

梦回大周看奇案

著　者	姜正成
责任编辑	王　平　史俊南
开　本	710mm×1000mm　1/16
字　数	220 千字
印　张	15.875
版　次	2018 年 7 月第 1 版
印　次	2018 年 7 月第 1 次印刷
出　版	吉林出版集团股份有限公司
电　话	总编办:010-63109269
	发行部:010-67208886
印　刷	北京市通州大中印刷厂

ISBN 978-7-5581-5539-0　　　　　　　　定价:49.80 元

版权所有　侵权必究

前　言

周朝是个让人着迷的朝代，其都城和王陵经过半个世纪的考古追寻，依旧充满变数；周朝是钟鸣鼎食的朝代，她从巫术弥漫的鬼神世界轻盈步入坦荡质朴的人文天地；周朝也是充盈着旺盛生命力的朝代，周公"制礼作乐"不仅孕育了中国历史上第一个治世，更影响了几千年的中华文明……在大约三千年前，也是《周礼》和《诗经》出现的那个年代，周人便拥有了这样一个一去不复返的"郁郁乎文哉"的花样年华。而无论是我们所能见证和想象的有关周人的轮廓还是细节，都耐人琢磨、让人流连……

每个伟大的时代都有伟大的人物，同时，每个时代也有让人匪夷所思的事情发生。周朝是一个神秘的王朝，在那个时代出现了百家争鸣的文化繁荣，也出现了帝王昏庸无道的局面。在周朝那样一个时代，有着什么样的扑朔迷离的故事，又给后人留下了怎样的谜团？

历史是昨天的云，随着吹荡在时空中的长风逝去，永远不可能旋回。我们站在今天，站在时空中的一点，回眸昨天，回视随长风吹去的历史

云朵，遥远而空旷，神秘而飘渺——在天地之间，只留下昏黄且苍茫的余晖……

本书讲述了一个充满谜团的周朝，您将看到，那些让人景仰的文臣如何沦落到被杀害的结局？那些才华横溢的思想家们，有着怎样的神密身世？西周是封建社会形成与奴隶社会解体的时期，而东周则是封建社会的初期，是一个大变革的时代。东周又分为春秋与战国两个阶段，前者的主要时代特征是"争霸"，后者的主要时代特征是秦对六国的"兼并"与"统一"。在传统意义上，战国时期从公元前403年"三家分晋"开始，到公元前221年秦始皇统一六国结束，终结时间要略迟于周朝灭亡。为了能让读者对这一段历史有一个深刻的印象，本书特别将人物归类，给读者提供一个系统的趣闻历史。

每一个人物的背后都有一个故事，每一个故事的背后都有一段真实的历史。披露鲜为人知的奇闻轶事、诉说帝王之家的权力争斗、演绎后宫之间的爱恨情仇、考证文化艺术的真伪虚实、破译考古文物的神奇密码、揭秘国宝背后的惊天事实。本书从曝光帝王秘事、再现英雄传奇、搜集天下逸闻、探寻文化遗踪等方面为重点，为读者精心准备了历史上具有一定影响力和意义深远的系列悬案、秘史、奇闻、惊案、要案，在戏剧性和文学性的基础上以史实为依据，兼涉轶闻、生活，侧重科学性和真实性，揭露历史真相，揭开层层谜团。

对于那些伟人或奇人的历史，恐怕永远都会存在争议，当今天所发生的一切都成为过去时，几十年，抑或几百年、上千年后的人们，也会对我们有所误读吧？人们对过去的争论是永远不会停止的。

上篇 匪夷所思的文臣冤案

周朝是一个战火纷飞的时代。在这样一个人心惶惶的时代中，身在朝廷的文臣百官就显得尤为重要。然而，他们当中有的为国尽心尽力，出谋划策，最后却落得一个被谋杀的结局。一个个忠臣义士，在历史中留下了千古奇案。

周朝士大夫杜伯：触怒周王被枉杀

妖女生于人间	002
舍死救民的杜伯	009
杜伯被陷害之谜	014
杜伯是怎么死的	017
杜伯冤魂索命宣王	022

名宿悲歌伍子胥：忠言逆耳枉苦心

一代名将伍子胥的人生	026
伍子胥的悲剧	033
伍子胥报仇之谜	038
伍子胥的双重性格	043

屈原之死：为国而亡背后的秘密

屈原投江之谜 …………………………………… 048

端午节与屈原的渊源 …………………………… 055

屈原是爱国者 …………………………………… 060

探秘屈原的精神境界 …………………………… 063

屈原两次流放之谜 ……………………………… 067

春秋谋臣文种：功成不退遭赐死

谋臣文种之死 …………………………………… 071

文种人生低谷之谜 ……………………………… 077

"伐吴九术"的谜团 …………………………… 081

文种请籴有妙计 ………………………………… 086

勾践为什么要杀掉文种 ………………………… 093

战国宰相商鞅：变法难行车裂死

商鞅为什么变法 ………………………………… 096

商鞅被车裂之谜 ………………………………… 102

商鞅为何非死不可 ……………………………… 106

商鞅迁都的多重谋虑 …………………………… 111

商鞅如何成为变法的先行者 …………………… 116

下篇 迷离莫测的人物谜团

自古圣人就备受人们敬仰，每个人都渴望了解他们的身世、他们的生活。从文人到君王，每个人都有着迷离莫测的谜团。他们或者大隐于世，或者功成身亡，在历史的长河中，他们留下了太多的疑点。

神秘文人鬼谷子：神秘面纱难揭开

鬼谷子身世之谜 …………………………………… 122
鬼谷子夜识无字天书 ……………………………… 127
鬼谷子的谋略 ……………………………………… 133
云梦山与鬼谷子的传说 …………………………… 137
鬼谷子与四大山中宰相 …………………………… 143

儒家圣人孔子：身世迷离难定论

孔子身世之谜 ……………………………………… 148
从布衣到圣贤 ……………………………………… 154
孔子嫡传后人之谜 ………………………………… 160
孔子的死亡 ………………………………………… 162
圣人孔子三代"出妻"之谜 ……………………… 168

战国美人西施：倾国倾城的谜团

西施浣纱的由来 …………………………………… 173

西施最终归宿之谜 …… 178
揭开西施美人计的始末 …… 182
西施奢靡的"后宫生活" …… 186

昏庸周幽王：烽火戏诸侯为博美人一笑

烽火戏诸侯的谜团 …… 189
周幽王为什么会迷恋褒姒 …… 195
周幽王之死 …… 199
周幽王的殉葬之谜 …… 203

勾践十年生聚：卧薪尝胆的秘密

勾践传奇的一生 …… 207
勾践卧薪尝胆之谜 …… 213
"勾践尝粪"确有其事 …… 217
勾践背后的女人 …… 223

附　录

姜子牙出生地之谜 …… 228
周朝的多姓族与分封制 …… 231
西周的礼乐制度与社会体制 …… 238

后　记 …… 245

上篇

匪夷所思的文臣冤案

　　周朝是一个战火纷飞的时代。在这样一个人心惶惶的时代中,身在朝廷的文臣百官就显得尤为重要。然而,他们当中有的为国尽心尽力,出谋划策,最后却落得一个被谋杀的结局。一个个忠臣义士,在历史中留下了千古奇案。

周朝士大夫杜伯：触怒周王被枉杀

杜伯是中国西周时的政治人物，是周宣王的大臣，尧之子丹朱的后裔。周宣王听说有女子危害周朝江山，就把很多妇女、女婴都杀死了。杜伯劝谏，周宣王不听，杀死了杜伯，其子隰叔逃到晋国，作为晋国的士师，为晋卿士氏（即范氏）的始祖。然而，杜伯到底因何被杀？这始终都是一个谜。

妖女生于人间

周宣王时期，社会上流传着一首童谣："月将升，日将没。"暗示着阴盛阳衰，女主主政。古人认为女人主政干政绝对是灾祸，比如周武王数落商纣王的罪行之一就是"惟妇言是用"，因此弄得国家乱套。伯阳父把

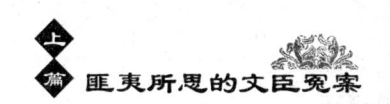

世井中流传童谣的事告诉了周宣王。

宣王疑惑地说："不会吧？本王的王后姜氏为人贤德明淑，主持后宫，条理井然，从无干政议政之举，'女祸'之语从何说起？"

宣王说王后姜氏贤德，丝毫没有自夸的意思。据《列女传》记载，宣王娶了姜氏之后，有一次因为春宵苦短，起晚了，耽误了早朝，姜氏立刻拔掉发簪，披头散发跪在宣王面前请罪："都是我的罪过，使君王好色晚起，耽误国家政事，有失君王之德。"从侧面劝谏宣王不要因为女色耽误国家大事。宣王也算能自我悔悟，立刻说："都是本王的过错，不是爱卿的问题。"从此勤于理政，成为中兴之君。可见姜氏的确是一位贤德的王后。

伯阳父说："大王明鉴！童谣里说'将'，则是尚未发生的未来之事，未必应在大王和王后身上啊。何况'将'的意思，是且然而未必之词。大王从现在修德以禳之，自然化凶为吉。"

宣王想想也是，默然不语。诸臣奏事完毕，就下令退朝，起驾还宫。

回到宫中，发现气氛不对，就问王后姜氏出了什么事情？

姜氏说："宫中出了件怪异的事情。"

"什么怪异的事情？"宣王有点惊异。

"是一名50多岁的老宫女生了个女孩。"

"老妇生子，世间多有，有什么可怪异的？"

"大王有所不知。"姜氏说："这名宫女本来是先王（厉王）时宫内的人，当时只有十二三岁，还没成年，不知道怎么就怀了孕，而且一怀就是四十多年。大家平常都看惯了，以为她不过就是天生的肚子大而已，可没

想到今天早晨突然腹痛，竟然产下一个女婴。"

"啊！真有这等怪事？"宣王也有点惊诧了："女婴呢？"

"臣妾以为这必是不祥之物，所以就命令寝宰（相当于后来的太监）用草席包裹了，拿出去扔到王宫二十里之外的河沟里了。"

宣王立刻命人唤来那个老宫女问明情况。

老宫女哭哭啼啼地奏禀："大王，贱妾也实在不知道是怎么回事啊。据说当时王宫册府里突然红光闪烁，先王很惊讶，让人去查看册府，结果找到一个密封的木匣子，上面加着封条。先王就命令打开看看是什么。有大臣说这个匣子是从夏代流传下来的东西，开不得，一开就会有亡国之祸。先王不听，就让人打开来看，原来里面是一个金盘里装着些粘糊糊的东西，有大臣认出来是龙漦（龙的精液）。先王受惊，手一哆嗦，金盘掉了，龙漦撒在地上，吱吱怪叫，众人震恐。先王听了巫师的话，找来一群女人脱光了衣服对着龙漦又喊又叫，结果那龙漦就变成了一条黑色的大蜥蜴（原文是"玄鼋"，有人说是大鳖，其实那个字本来是做"玄蚖"，蚖就是蜥蜴），直爬到王宫里来。当时贱妾只有十二三岁，看到那黑蜥蜴冲过来，吓傻了，站在那里动弹不得。蜥蜴从贱妾身边爬过，碰了贱妾一下就不见了，结果贱妾就觉得身体震动，怀了孕，可是一直孕而不育。谁知道这一孕就是四十余年，今日一早忽觉腹痛，方产下一个女婴。贱妾不敢隐瞒，只得奏知王后。王后认为这必定是怪物，不可容留，随命寝宰抱去，弃之沟渎。贱妾罪该万死！"

宣王呆了半天，总算还是个仁慈之君，说："罢了罢了，这是先朝之事，也不是你刻意为之，何罪之有？下去吧。但此事要严格保密，不要让

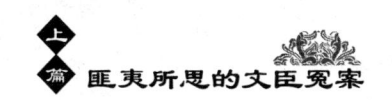

外人知道。"

然后命人去那抛弃女婴的河沟里查看，结果回报是不见了踪影，估计是被水流漂走或淹死沉底了，宣王略略放心。

但是世上没有不透风的墙，这事儿不知道怎么让伯阳父知道了，他吃了一惊，急忙回家去搬出历史典籍来查（伯阳父本身就是周太史，掌管国家图书），查来查去还真查到这龙漦的来龙去脉。

原来，在夏代末年，也就是夏桀之时，突然有两条龙飞来，盘在王宫的院子里交尾，龙漦溢流满地。

众人正不知所措，龙口吐人言，说："我们是褒国的两位君王。"

夏桀非常惊异，就找来巫史一起占卜，是杀了它们？赶走它们？留下它们？结果都不吉利。后来巫师把它们的龙漦收藏起来，结果很吉利。

于是夏桀就命令摆下祭品念了祭文，告诉二龙，让人用个金盘收集了龙漦放在一个木匣子里封好收藏起来，那两条龙突然就不见了。

夏亡，这匣子传到了商；商亡，又传到了周。传了三代都没人敢开它。直到厉王之末才开了来看，龙漦撒了，流在王宫里。厉王让妇人裸形而噪，龙漦化成了玄蚖，进入后宫，碰到一个未成年的小宫女之后就不见了，而这个小宫女因此怀了孕，一直孕而不育。

看完了，伯阳父顿足捶胸："完了完了，周要亡国了！"

第二天早朝，还不等宣王说话，伯阳父就把这事儿说了，并断言："女祸必定和那个女婴有关！"

宣王也有点惊恐，说："没有那么严重吧？王后已经让人把那个女婴扔到河里被水冲走，十有八九是淹死了，祸患应该祛除了吧？请爱卿占卜

一下，看看妖气是不是被消灭了？"

伯阳父急忙占卜，算了一卦，献上繇词，繇词说："哭又笑，笑又哭。羊被鬼吞，马逢犬逐。慎之慎之，檿弧箕箙！"

"什么意思呢？"

"哭笑者，悲喜之象；羊为未，马为午，其应当在午未之年。据臣推断，妖气虽然出宫，未曾除也。还应该防备檿弧箕箙之孽。"

宣王闻奏，心里老大不痛快，立刻传下王命："城内城外，挨户查问女婴，不管死活，有人捞取来献者，赏布帛各三百匹；有收养不报者，邻里举报了，也给举报之人这个数目的赏赐。窝藏犯全家砍头。"

他命上大夫杜伯常（杜国的国君，名常）专门督办这件事。因童谣和繇词里又有"檿弧箕箙"之语，又命大夫左儒监督司市官巡行王城内外的街市，不许造卖山桑木弓、箕木箭袋，违者处死。

司市官不敢怠慢，带着一大班子胥吏（巡警），一面晓谕，一面巡查。

两天之后，王城里来了一对野人夫妇，这个"野人"不是"大脚怪"，而是三代（夏商周）时称居住在城池之外乡野的黎民，用现在的话说就是"乡下人""乡巴佬"。这对夫妇的生意就是制造檿弧箕箙出售，家住得离王城挺远，不知道王命，一心想赶着中午时分到王城里做买卖（古代是"日中为市"），恰好在正午时分进了王城。男人背着檿弧前面走，妇人背着箕箙后面跟，看到满街的生意里都没有卖檿弧箕箙的，夫妻二人心里高兴，觉得今天有生意做了。

男人就扯开嗓子大喊："卖檿弧箕箙咧——"

这一嗓子，就像一个晴天霹雳，轰然一下震动了整个镐京王城，这就

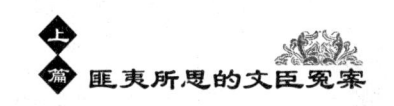

是《楚辞·天问》里说的"妖夫曳衒，何号于市？"

整个市面在经过了五六秒短暂的寂静之后，司市官对手下的工兵们大叫："拿下！"

夫妇二人一见工兵来拿人了，虽然不知道发生了什么事情，但也明白绝对不是什么好事，惊叫一声，丢了木弓箭袋掉头就跑，工兵们在后面一穷追不舍。

看看快跑出城门了，妇人却力气不济，再加上惊恐害怕，双腿一软，扑通跌倒，被巡警们扑上去按住。

丈夫一见，回头要回来解救，妇人用尽力气喊出了一句："他爹！别管我，你快跑！"

丈夫一看阵势，知道自己打不过这么多人，只好含泪掉头跑出了城门，回头看时，妻子已经被官差们绑了扔到两头牛拉的车上带走了。

司市官押着妇人，拎着檿弧箕箙来向左儒汇报。

左儒一看，心里暗想："真邪门啊！檿弧箕箙这两样东西正好是童谣和繇词里说到的，而且抓到的是个女人，这不正应了'女祸'之说？差不多，就这样去回复王命得了。"

左儒就带了妇人和两样东西去见宣王复命，不敢说还有个男的跑掉了。

宣王见了，龙颜大怒，立刻下令把妇人斩首，把两样商品拿到街市上当众销毁，警示他人。可怜那妇人，稀里糊涂地就被砍了头。

却说那位丈夫，一路走一路哭，泪奔到一条河边，突然隐隐听到一声婴儿的啼哭，吃了一惊，急忙擦干眼泪四顾，远远望见一群鸟在水面上飞

鸣，再仔细观看，是一个草席包儿浮在水面上，群鸟用喙叼着，慢慢拖近岸来。

汉子上前捞起来打开一看，里面有个粉嫩雪白的女婴，正在手脚乱动地大声啼哭。汉子大喜，他们夫妇一直没有孩子，现在好，天上掉下来一个孩子，于是狂喜万分。丢了妻子捡了孩子，失之东隅，收之桑榆，心中暗想："这女孩不知何人抛弃，有众鸟衔出水来，定是大贵之人。现在妻子没了，也不能再想生儿育女的事儿了，我不如把她抱回去养着，倘得成人，也算有个指望依靠。"

汉子抱着女孩跑到了褒国，在那里仍旧做点小生意度日，只是经常被官吏追得乱窜，日子并不好过——这个女孩，就是宣王后宫那个老宫女生的那个"妖女"，被扔在水沟里，但是上天已经注定要让她来灭亡西周，所以无论如何是不会让她死的。

舍死救民的杜伯

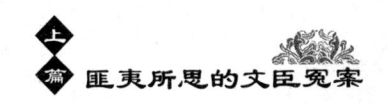

公元前827年，周宣王即位了，但他没有很好地接受他父亲周厉王的教训。

14年前，周厉王昏庸无道，亲小人，远君子。为了维持他的糜烂生活，实行专利税，对国人残酷盘剥。他说，天下都是我周王一个人的，不论大臣还是平民，你上山是周王的山，你下田是周王的田，你走路是周王的路，你喝水是周王的水，这一切你们都要交税！这项政策一实行，很快弄得全国上下怨声载道，纷纷起来反对。而周厉王又采取了残酷镇压的政策，企图封住国人之口。大臣召公对周厉王说，防民之口犹如防川，是防不住的，水越涌越多，一定会把挡水的大坝冲垮的！但周厉王不听，反而更严厉地镇压：凡有语言流露不满者，格杀勿论！一时间人们果然不敢说话了。周厉王对召公说，怎么样，让我摆平了吧。

哪知道就在这天夜里，国人们起来暴动了，成千上万人手持棍棒包围了王宫，连保卫王宫的卫士也倒向了国人，往日不可一世的周厉王只好逃跑了。由召公和共伯共同执政。到了公元前827年，才把政权还给周厉王的儿子宣王。

周宣王即位后，并没有很好地接受父亲的教训。这时候，周朝经过连年的折腾，加上灾荒不断，国力十分衰弱，甚至跟小小的羌戎打仗也吃败仗。周宣王也曾想过中兴，但又怕出力，周朝国王每年必须亲自下田耕种为百姓作榜样的规矩，他不愿遵守，连去做个样子也不肯，认为那是贱民做的事。所以国人看不见希望，又遇上连年灾荒，人民生活十分痛苦，饥民流离失所，社会动乱不堪。于是民间就流传出了一个民谣："檿（桑木）弧箕服，实亡周国！"那意思是：用桑木做的弓箭插入用箕木做的箭筒里，其实质是要亡周朝！又有传说，有两条黑龙，化成一对夫妻，那妻子早已经怀孕，将来生下一个女孩子来，就是灭亡周朝的人。并说有人见了这对夫妇，他们正把桑木弓插在箕木筒里卖箭呢！这充分反映了广大人民群众对周朝的不满和诅咒。

民谣和传说越传越广，很快就被周宣王知道了。他不仅不以此为戒来反思自己的作为，相反，大为震怒，派兵到处捉拿这对夫妇，但查遍全国，也没有找到。周宣王又召集群臣来布置严查和惩办传谣者——像他父亲那样，也要封住民之口。

一个大臣献策说："大王，此谣在百姓中流传甚广，要一一追查和严惩恐不可能，俗话说法不责众，总不能把那么多人都关进监狱里去吧？关得太多了，只怕又会引起国人的——"他不敢说出"暴乱"二字，又接着说，"更重要的是，如果真有这样一对夫妇，如此追查，岂不打草惊蛇，他们便会隐藏起来，给大王留下隐患。"周宣王一听会引起国人的动乱，也害怕了，说："依你说怎么办？"那大臣说："依臣之见，谣传中说，那女子才孕，还没有生，何不将现在怀孕待产的女子监管起来，看他们生

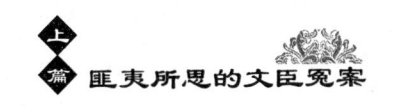

男生女，若生的女子即把她杀死，这样即可斩草除根！"周宣王听说，大为赞赏，立即下令把全国怀孕的女子都监管起来。霎时间，怀孕的妇女可都倒了霉，不少人都被关了起来，等待看生男生女。有的女子不愿意被关或不愿意看到自己的孩子被杀害，就逃到山里躲起来，周宣王又派人到处搜山捉拿，一时间弄得全国人心惶惶，不少怀孕妇女也因此被逼死或被杀害。

正在这时候，从皇宫里传出奇闻，一个先朝就已怀孕的宫女，过了十多年后竟又生下一个女婴。巫师们听说，立即向宣王奏报说，他们问天神了，这个宫女就是那黑龙化身，生下的女婴就是祸根！周宣王立即让人把那老宫女抓来，但那老宫女说，孩子已经被扔到野外去了。宣王又派人到野外搜查，但那女婴竟然无影无踪！这下宣王更紧张了，立即派官兵到处搜索女婴，但凡女婴，不管是谁生的，一律杀死！一时间全国又充满了血腥！

面对宣王的暴行，大臣们一个个噤若寒蝉，不敢吭声，有的甚至出谋献策，助纣为虐。这时，却有一个大臣看不下去了，站出来进谏说："大王，不能再如此杀下去了，杀了女孩，今后百姓如何繁衍？没有了百姓，大王又做谁的大王？何况，一个尚在襁褓的婴儿，她又能对江山社稷有何威胁？"

周宣王见有人竟敢指责他，十分生气，但一看此人是诸侯国杜国的国君杜伯。这个杜伯的先人是大名鼎鼎的圣人尧的后代——尧的长子丹朱被舜封在唐地，原意是让其继承尧的宗庙。到了周武王时，周武王把自己的弟弟叔虞封到了唐，而把尧的后人改封到了杜。不少人对这件事有议论，

认为是对圣人的不尊敬。于是周武王就把杜国的地位抬得很高,虽然是个第三等"伯"一级的小国,总是让它的国君来朝里做地位很高的大臣。如此一来,后代国王也都对杜国很尊重。特别是到了杜伯。杜伯生性刚直,敢说敢做,在朝野很受敬重。所以周宣王压了压气说:"朕杀的不是一般的女子,是女妖!"

杜伯说:"圣人说,当国家政治有缺失、国情民意不调和时,就会出现一些异常的现象,像日蚀、地震,怪女婴亦是如此,大王应该顺天意而反躬自问,检讨国政的缺失,现在天下灾荒严重,更要火速设法救济灾民,发展生产才是。"

杜伯的话还没说完,一个大臣为了献媚取宠,立即站出来指责杜伯:"大胆,明明是妖物作祟,与大王有何干系?大王是最英明的君主,你这是借此毁谤!"

周宣王更加气怒了,大声说:"不错,就是毁谤!如今天下太平,那些刁民们还传什么歌谣,你竟然还说要救济他们,你安的什么心?"

一时间朝堂上气氛紧张,不少人为杜伯捏了一把汗。但杜伯仍然坦然陈词:"大王,民间所以传出那样的歌谣,是因为他们的生活太苦了,当人们活不下去的时候,就会编出一些歌谣来警示国君,比如夏桀时民间也曾经传唱'时日盍丧,我与女皆亡'!如果国君听了后能警醒,也许就不会……"

宣王此时已经怒发冲冠,站起身指着杜伯大吼:"你、你竟敢把朕比作夏桀,无法无天了!你以为你是圣人的后代朕就不敢杀你了吗?"

杜伯说:"大王可以杀我,我为周朝、为天下苍生死不足惜,只怕我

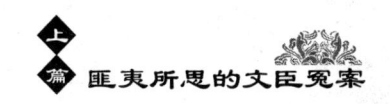

死之后大王听不见逆耳的忠言了，周朝社稷就要危险了！"

周宣王放声大笑："你以为你是谁？少了你一个小小的杜伯，我不信天下就会不归我周朝，给我拉出去砍了！"

几个卫士冲过来把杜伯拉出去处死了。

杜伯死后不久，西戎就打进了都城镐京，周宣王被乱兵杀死。他的儿子周平王只好把都城迁到洛阳，建立了东周，西周就灭亡了。

西周灭亡后，人们更加认识到杜伯的远见和忠贞，把他作为直臣来纪念。他的后人也以他的封国"杜"为姓，尊杜伯为始祖。

杜伯被陷害之谜

周宣王为什么会突然要杀杜伯？面对这个突如其来的变故，杜伯傻了，诸侯们也傻了，他们应该能预见到这种结果，宣王从来就不是一个按常理出牌的人。

从表现上看，杜伯死于抗命，其实他的死跟一个女人有关。

杜伯作为一个正直的人，就很有可能得罪小人，而小人往往又最受君王的喜爱，历史从来如此，在英明的君王身边都会有几个小人，更何况只是一般英明的周宣王。所以明哲保身的办法就是善用权谋，左右逢源，而这恰恰又是所有正直的人所最为不屑的。

杜伯很不幸，得罪了一个小人。周宣王的小妾女鸠向他表白过爱慕之情，他拒绝了女鸠对他的暧昧表示，而且拒绝得很直接，从后来的情况判断，杜伯拒绝的方式估计就是一通狠骂，这简直就是不幸中的大不幸了，因为女鸠恰恰就是一个小人，不巧又刚好是周宣王宠爱的小人，她的枕边风足以吹死一条人命。

从种种的迹象来看，女鸠的心里一定极其阴暗，对于一个不愿接受和他苟合的好人，她竟要致其于死地。

卑鄙的女鸠在一个月黑风高的晚上，向躺在她身边的周宣王狠狠告了一状："大王，那个叫杜伯的人想要强暴我！"这句话一下就点起了周宣王的怒火。别说是一个国王，就是一个稍有血性的男人在听了这句话后都会抄家伙去杀人。

一切都在冲动之中，聪明一世的周宣王终于要办一件他一生中最大的蠢事。他决定要杀人了，杀人的对象就是杜伯，这是一个高级贵族，他是一个正直的人，他有无数的朋友，杀他所造成的后果是无法挽救的。宣王并没有从他年轻时所经历的那件事情里吸取经验教训，他太狂妄了，狂妄到什么都不怕的地步。

国王要杀人看似很容易，其实却有点难，死的这个人必须有个罪名，当然，大臣中居然有人想给自己戴绿帽子，实在说不出口。不过不要紧，一个莫须有的罪名便能要人命。

第二天，他迫不及待地找来杜伯，杜伯被这突如其来的打击搞懵了。

宣王要的就是这种结果。

杜伯虽然仍在慌乱之中但大脑还算清楚，他虽然不知道周宣王为什么要找自己的麻烦，但他已经明白自己活不了了，不管周宣王怎么想，到底明不明白，他当初做的这个决定有多么的糊涂，在死之前他决定要将事情的真相说出来："我认为一个女婴不至于影响国本，如果因为这点小事大肆骚扰百姓，那才是祸乱的开始！"

杜伯的话并没有令宣王改变主意，在杜伯说完之后，他只是对着身旁的武士说了句："把杜伯推出去，斩了！"

话音落地，朝堂立时鸦雀无声。在短暂的沉寂之后，一个人猛地站了

出来，对着周宣王说道："等等！"

所有的目光投向了说话的人——一个小官下大夫左儒，我个人对他有个评价，周宣王时代忠义第一人！

此时的朝堂之上站满了公爵、侯爵，本来轮不上他这个不入流的小官多嘴，但是他的身上有着一种特有的品质，那就是明知不可为而为之，当然前提是为了正义和真理，纵观华夏民族的每一个朝代每一个民族诸如此类的人总是屡见不鲜，正是他们顶起了民族的脊梁。

左儒面无表情地站在朝堂中间，没有等宣王反应过来，左儒便开始了他那著名的"朝论君友"。

左儒站在朝堂中间朗声道："我听说尧帝时天下发了九年的大水，尧照样做天下之帝；汤王的时候天下遭受了七年的大旱，汤照样做天下之王。天灾尚且不能亡国，何况妖言？"

周宣王对左儒的言论很不屑，他不是一个品德高尚的人，所以他总用自己的标准衡量别人的道德水平，用句大家都知道的话来说就是"以小人心度君子之腹"。周宣王未必是小人，但左儒肯定是君子，他们不是同一类人！

周宣王冷笑了一声说："你和杜伯是死党，这个我了解，你这是典型的重友轻君！"

看到自己的人品遭到了王上的质疑，左儒气愤到了极点，他知道大道理人人会讲，而且那些所谓的君子比自己讲得可能更好，他准备使出自己的杀手锏，那就是用自己的生命作赌注，后世的言官称这种行为为"死谏"。

杜伯是怎么死的

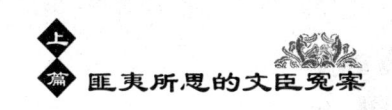

杜伯其人的真实性，不容怀疑，在《国语》《左传》和《墨子》等典籍中都有提及。杜伯，为周大夫，事周宣王，《太平广记》中记载名恒，有族谱称名献、致禄，待考。

"伯"是对大夫的尊称，《史记》云："周封五等：公、侯、伯、子、男"。虞、宋国为公爵，鲁、晋、齐、卫、蔡、燕、陈、祀、薛等国为侯爵，曹、郑国为伯爵，邾、莒、吴、越为子爵，许国为男爵。西周中前期，等级森严，诸侯少有潜越。后期王室衰微，各诸侯潜越频出。周王封大夫，食邑某地，亦称"伯"。杜伯，为杜地（今陕西省西安市东南）的领主。西周初，武王崩，成王立（公元前1021年），周公辅政，唐地的刘累后裔做乱，被周公所诛，成王戏言封叔虞于唐，又称唐叔虞，叔虞之子燮即位，因境内有晋水，改称晋侯。成王亲政，封刘累后裔于杜，其后以国为姓，又称杜氏，故史家多云刘氏在周为唐杜氏。

杜伯之所以被广为传载，皆因其死。关于杜伯被杀的原因，有两种说法：一种说法是宣王在位间有童谣"月将升，日将没；桑弓箕袋（箕草编的箭袋），几亡周国"，谶女子乱政，有人操桑木做的弓和箕草编的箭袋，

周王罹难，周国几近灭亡。于是周宣王下令全国禁弓矢，由上大夫杜伯专督此事。恰有山野妇女不明政令，进城售弓矢，遂被杀。自此周宣王以为童谣之言已应，不究此事。周宣王四十三年（公元前785年）大祭，周宣王夜梦美貌女子自西方来，入太庙携太庙神主东去。周宣王惊，知谶语未消，乃杀杜伯。杜伯临死言曰："吾君杀我而不辜，若以死者为无知则止矣；若死而有知，不出三年，必使吾君知之。"其三年，周宣王与诸侯在野外狩猎，日中，杜伯乘白马素车，着朱衣冠，执朱弓挟朱矢，将周宣王射死车上。另一种说法是周宣王有个宠妃叫女鸠，他看上了英俊的杜伯，就想方设法去引诱他，杜伯拒绝了女鸠的勾引。结果女鸠恼羞成怒，在宣王面前诬告杜伯欺侮她。周宣王听信了女鸠的话，就把杜伯处死。这两种说法，散见于《国语·周语上》《墨子·明鬼下》《太平广记·报应十八》《论衡·死伪篇》，在历史小说《东周列国志》中第一章也以此开篇。《新唐书·宰相世系》载刘氏"在周封为杜伯，亦称唐杜氏。至宣王，灭其国。其子隰叔奔晋为士师，生士蒍。蒍生成伯缺，缺生士会。"考乎《国语》《史记》，对隰叔论述不多，皆言杜伯被杀，其自隰叔奔晋为大夫，世为士师（职掌军防），后世多袭此说。隰叔奔晋，时晋穆侯卒（公元前785年）晋殇叔元年（公元前784年）。

　　这是一个平常的日子。公元前785年的那个春天，天气晴好，草长莺飞，梨花怒放，渭河的涛声在天外回响。

　　这是一件平常的事儿。周宣王怒杀杜伯。对于一位手握生杀予夺大权的国王来讲，随便杀死自己的臣民，跟踩死一只蚂蚁一样，用不着大惊小怪。但这件事能为史书所记载，除了传奇色彩，还有它的镜鉴之意义。

西周王朝到了周宣王，恶行败德，民怨沸腾。颓亡之先兆屡现，市井唱起那"厌弧箕箙，几亡周国"的童谣。

有一日，周宣王将太史官伯阳父召来，又和他谈及几年前做过的那个奇梦。

在梦中，周族七王的神主被白衣女子一把捆住，离开太庙，向东方而去。

"这样的梦，你要如何解法？"周宣王问道："对我周族的气运，又有什么含义？"

太史伯阳父是个谨慎少言之人，他听了周宣王的疑问，思索良久，才缓缓说道："臣下不敢说。"

"但说无妨！"周宣王不耐烦地说道，"就是要你直言，才叫你来的啊！"

"臣以为，我王梦中的白衣女子，应的还是女子误国的卦象，七位先王的神主被她拥走，表示我周朝纵使出现巨变，宗主香烟依然不绝，但是却可能会搬到别处。"

"哦？"听见他说祭扫的香烟不绝，周宣王不禁精神一振："那……，'厌弧箕箙，几亡周国'的童谣是不是已经化解了呢？"

"依臣下之见，凶象仍在，对我朝的威胁仍在。"

"我不是已经将那山民女子处决了吗？"周宣王皱眉道："难道这还不够？"

"厌弧箕箙，应的是别的事，依臣下之见，处决一两个村妇，并不能化解凶象……"

和太史伯阳父的这一番对谈，让周宣王更为不安，次日早朝，他想起几年前曾经令大夫杜伯搜寻山桑木弓、箕草箭袋的误国女子，却许久没有消息，便在早朝上提了出来。

"杜伯！"周宣王森然说道，"我记得几年前曾经下令于你，要你找出厌弧箕服的妖女，为何许久不曾来报？"

此时的杜伯已是第八世，名叫恒；军人出身，以善射闻名；身量长大，个性耿直粗豪，说起话来更是直来直往。

"自从那卖山桑木弓的山民妇女伏诛以后，臣以为童谣已经应验，妖孽已除，便不再前往扰民。"

周宣王闻言大怒，大声说道："扰民？那你是指我的命令叨扰了老百姓了，是吗？你这样怠忽王命，分明是有违职守，我今天便是斩了你，也不算冤枉了你！"

那杜伯本是军人出身，个性强悍正直，听见宣王这样说话，心知必死，于是忍不住大声说道："是不是扰民，天下人看得清清楚楚。圣人有言：杀一无罪者不祥。那童谣本是市井谣言，可笑我满朝文武莫名其妙，将它当成天仙妙语，我王更因此杀害那无辜的山民妇人。我不愿再行生事，就是不想再伤了无辜之人！"

周宣王被他这一阵抢白，气得浑身发抖，百官中本有人要出面为杜伯说情，听见这番言语之后，人人吓得面如土色，当然再也没有人敢出来为他说情。

果然，周王回过气来的时候，便大声咆哮："杀了！杀了！将这大胆的贼子给我推出去杀了！"

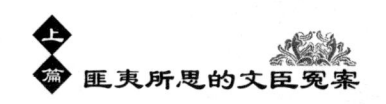

"铮铮铮铮"几声金铁摩擦声响,从大殿奔出来几名卫士,便要过来架住杜伯。

那杜伯却是个十分硬气之人,看见卫士们要过来,暴喝一声:"不用你们!我自己会走!"卫士将杜伯押出大殿,杜伯大喊:"吾君杀我而不辜,若以死者为无知,则止矣;若死而有知,不出三年,必使吾君知之!"

当杜伯带血的人头"咣"的一声被卫士丢在大殿上,晴天霹雳接连响起。立时,洁白的梨花覆盖着皑皑的白雪,奔腾的渭河冰封断流,愁云万里。

三年后的一天,周宣王带领各方诸侯和大臣在周朝首都镐京王家狩猎场打猎,跟从的人遍布山野。中午时分,杜伯的鬼魂突然显形,乘着白马拉着白色的车,戴着红帽子从道边奔驰而来,他拿着红弓搭红箭,正好射中周宣王心窝,脊梁都射断了,周宣王扑伏在箭囊上死了。

周宣王死后,继位的周幽王宣布为杜伯平反昭雪,为他立祠以表其忠。祠叫杜伯祠,墓称杜陵。均在杜城(今陕西省长安县东南杜曲)。《国语·周语上》《墨子·明鬼下》等文献都详细记载了这一事件。

杜伯冤魂索命宣王

周宣王四十六年七月，镐京。此时的天气秋高气爽，甚是宜人。

这一日早上，宫人们仍如往常一样照顾着周宣王起身，却发现这日周宣王忽然变得跟正常的时候无别，头脑、口齿皆甚为清楚，且心情大好。宫人赶紧去禀告姜王后。姜王后得知，喜出望外，赶紧来见。

周宣王与姜王后谈了一阵，姜王后赶紧命人好生照顾周宣王，细心准备膳食。周宣王却觉得自己身体好转，来了兴致，想去城郊游猎。于是，立刻命太史卜了个吉日，命人准备车马，选定东郊为此番游猎之地。

到了那一日，周宣王穿戴停当，乘着玉辂，带着大队人马，由召虎、尹吉甫左右护驾，向东郊进发。一路上浩浩荡荡，好不威风。

话说这东郊一带，平原旷野，是绝好的游猎之地。到了预定的地点，传命安营扎寨。周宣王久不出宫，此时此地突然觉得精神百倍，神清气爽，心说"吾之身体有恙多日，不想今朝不药而愈，必是上天佑我。"想罢更是来了精神，随即把一干人等叫到跟前，就要拉开这场打围的序幕。

周宣王命所有人各显其能，最终按捕获的猎物多少，论功行赏！并吩咐军士："一不许践踏庄稼；二不许焚毁树木；三不许侵扰民居。"号令

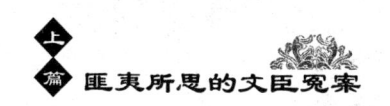

一出，大家便散开，争先恐后，进退周旋，这一场打围，好不热闹！周宣王看在眼里，心中大喜。

不知不觉，已是夕阳斜照，时候不早了，周宣王也略有些疲惫，于是传令散围。众军士亦所获颇丰，各将打获的走兽飞禽，统统拿来周宣王处上缴邀功，周宣王尽兴自不必说，大队人马凯旋而归。

回宫的路上，大约走了三四里路，周宣王疲惫不堪，心想恐是久病所致，于是坐在玉辇上，有点昏昏沉沉……忽然看见远远一辆小车，从对面冲了过来。车上站着两个人，臂上挂着红色的大弓，手里拿着红色的箭，越来越近，快到近前，只听车上的人喊道："吾王别来无恙？"

周宣王定睛一看，吓出了一身的冷汗，车上并非别人，正是上大夫杜伯和下大夫左儒。周宣王心下一惊，眨眼之间，车和人都不见了。宣王急忙问左右随从可曾看见有车，都说："并未曾看见。"

周宣王心中疑惑，正在出神，忽然又见杜伯和左儒驾着小车，来到玉辇之前。周宣王大怒，喝道："罪鬼，敢来犯驾！看朕来将你们斩首！"一边喊一边拔出太阿宝剑，对着空中挥去。

只见杜伯左儒毫发未伤，并齐声骂道："无道昏君！你不修德政，妄杀无辜，今日气数已尽，吾等是专门前来报冤的。还我命来！"话音未落，二人挽起红色大弓，搭上红箭，对准宣王的心窝射来。宣王大叫一声，昏倒于玉辇之上。吓得尹吉甫、召虎赶忙上前扶住，急忙叫左右随从，给周宣王灌了一碗姜汤，将其救醒。醒来后，周宣王不停地大叫心痛。一班人赶紧飞驾入城，扶着周宣王回宫。一干人等，未及邀功，不欢而散。

这次东郊游猎就这样乘兴而来，败兴而返了。

随周宣王打猎归来的郑伯友跟众人忙活着把周宣王送回宫中便也打道回府,坐定了想起白天的一幕,不仅心里犯起了嘀咕,想那杜伯、左儒三年前在宣王盛怒之下丧命,今日王偏偏说看见二人拿弓箭迎面而来,难道真是冤魂索命不成?

"砰!"箭中靶心的声音,惊得他回过了神,原来是儿子在园中练习射箭。看着武艺精进的儿子,他稍有安慰。

公子成这几年不仅武艺进步了不少,书也读得不错,自打好友隰叔走后,他心性收敛了许多,也许是杜伯家突如其来的灾祸让他变得成熟,性格依旧开朗,但却不似从前那般顽劣,仿佛一夜之间长大了。

太史伯阳父听说周宣王打猎归来,却偏遇杜伯、左儒冤魂索命,加之前几日周宣王身体毫无征兆突见好转,恐怕也只是回光返照而已,便知其命必不久矣。

话说周宣王游猎回宫之后,一闭上眼就看见那杜伯、左儒要他还其性命,自知将不久于人世,便不肯服药了。

三日之后,召老臣尹吉甫、召虎入宫。

两人至周宣王榻前问安,此时周宣王已气若游丝,说道:"朕在位四十六年,赖诸卿之力,南征北伐,四海安宁,不料今日一病不起!太子宫涅,还要依赖卿等竭力辅佐,保我大周基业!"

二人受命,便出宫去了。

宫门口聚集了很多大臣,听说周宣王病体沉重,都不敢回家,唯恐赶不上这最后的"送行"。

尹吉甫和召虎出来看见太史伯阳父也在宫门口,召虎对那天的事也觉

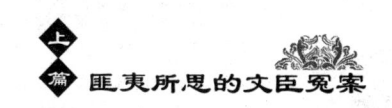

蹊跷，便小声问伯阳父："前几年的童谣，吾曾说过恐怕国家有弓矢之变。今日吾王亲眼见到厉鬼拿着弓箭射来，恐怕吾王要一病不起了吧？"

伯阳父说道："吾夜观天象，妖星隐伏于紫微之垣，国家还将有其他的变故，吾王身体的病痛恐怕还不足以应劫。"

尹吉甫在旁边听到二人对话，颇有些不悦，反驳道："'天定胜人，人亦可胜天。'凡事不止天定，还有人力所为，如今只说天数，那要吾等三公六卿干什么！"

正说着，就听内侍哭着跑出宫门来给大臣们报丧，宣王崩。宫中一片哭声。

周宣王带着满腹的疑惑和不解结束了自己的统治，或许他到死也不明白上天为何要如此待他，给了他重兴一个朝代的荣耀，最后却要他亲手开启葬送西周王朝的闸门。也许是对权力过于执着，也许是整个王朝本已经大厦将倾，一切已成定局，历史只是假他之手完成了抉择。

名宿悲歌伍子胥：忠言逆耳枉苦心

伍子胥是春秋末期的吴国大夫，是中国史书着墨比较多的人物之一，本来就是一位历史名人。从中国的"盗墓文化史"来说，他也是重量级的人物。公然掘开了人家的陵墓不说，还要拿着皮鞭，鞭笞楚平王的尸体三百鞭子，可谓最狠毒的一位掘墓者。他的一生更是几经沉浮，悲壮凄楚。

一代名将伍子胥的人生

即使是在春秋末期，楚国也不失为一大强国：就其疆域而言，占有今河南、安徽南部，湖北、湖南大部，其他诸侯强国难以望其项背；就其军事实力来说，可同当时的强国——晋国共霸中原，更非其他各国所能为之。然而，如此强大之国居然被当时名不见经传的小国——吴国给灭掉了，实在是令人费解。要知道，对于楚国，即使是当时同样强大的晋国和秦国也不敢觊觎，谁敢奢望败楚？吴国为什么要剑指楚国？并且凭什么样的信心能使楚国一败涂地直至亡国？这就要从一位佞臣说起——他就是费无忌。

楚平王执政时，任命大臣费无忌为世子建的少傅（协助太傅辅导世子的官员），伍奢（伍子胥之父）为世子建的太傅。世子建对他的少傅并不感兴趣，并与其一向不和，而对太傅伍奢则崇敬有加。费无忌心生妒忌，又恐日后世子建被拥立为王后对自己不利，于是便常在楚平王面前诬陷世子，想方设法来离间其父子关系，但总未奏效。

后来，费无忌采取了以美人计配合的连环计，终使楚平王杀掉了世子建。《左传·昭公十九年》《史记·伍子胥列传》等多处记载了费无忌谗害世子建的三步计策。

第一步，聘女于秦，唆父娶媳。楚平王欲给世子建定亲，费无忌受命赴秦国聘定秦女嬴氏。他见嬴氏貌美异常，回国后竭力夸赞秦女嬴氏的美貌，唆使楚平王自己娶嬴氏，为世子另外聘女成亲。

第二步，托言守边，调离世子。楚平王娶媳之后，费无忌对楚平王说："楚国偏居南方，远离中原，难与晋国争夺诸侯，不如扩筑城父（在今河南平顶山，一说在今河南宝丰，一说在河南襄城），让世子镇守北界，可以逐步争夺天下。"楚平王听了，非常赞同，遂让世子建离开郢城（今湖北江陵西北），去城父防守。

第三步，牵动连环，谗害世子。世子建去城父一年之后，费无忌对

平王说:"世子建与其太傅伍奢要据城反叛了。"平王不大相信,问道:"他已做了我的世子,以后楚国就是他的了,他还有什么可求的?"费无忌回答说:"世子为娶妻的事怨恨君王。他独自领兵在外,结交诸侯,不久就会出兵进攻郢都。若不制裁,日后将后悔无及。"楚平王遂信以为真,召伍奢回郢城,欲加罪杀之。世子建事先得到风声,带着儿子公子胜逃到宋国去了。

费无忌深知伍奢的两个儿子伍尚、伍员(字子胥)相当了得,不杀他们,恐日后为患。在费无忌的唆使下,楚平王一面派人去追杀世子建,一面又逼伍奢写信给他的两个儿子伍尚和伍子胥,叫他们回来,以便一起除掉。大儿子伍尚回到郢都后,就跟父亲伍奢一起被楚平王杀害了。

伍尚临走前对弟弟伍子胥说:"我的才能远不及你,你可以逃走,日后可以替父亲报仇,以尽孝心。"楚平王见伍子胥未至,就派武城黑率精兵追杀。自此,伍子胥便开始了他一生传奇而又悲惨的逃难历程。

伍子胥生性刚强,青少年时,即好文习武,勇而多谋。当得知楚平王派兵来捕,便知父兄终不能幸免。如何是好?还是尽快逃命。但逃跑免不了要拖家带口,如此将托累行程,不利于逃脱;如若不带,自己的妻子家人定会惨遭楚兵毒手。奈何?伍子胥的烦恼被妻子识破:"大丈夫含父兄之怨,如割肺肝,何暇为妇人计耶?子可速行,勿以妾为念!"妻子说罢竟进里屋自缢而死。伍子胥为此大哭一场,把妻子草草掩埋,收拾好行李就匆匆离去。不足半日,楚兵即至。

据说,伍奢听说伍子胥逃跑,曾对楚王说:"楚国君臣且苦兵矣。"后来果如其言。

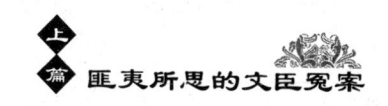

伍子胥听说世子建逃至宋国就奔宋而去，并找到了世子建。不巧宋国发生内乱，伍子胥又带着世子建、公子胜逃到郑国，想请郑国帮他们报仇。可是郑国国君郑定公没有同意。世子建报仇心切，竟勾结郑国的一些大臣想夺郑定公的权，结果被郑定公杀了。随后伍子胥不得不带着公子胜逃出郑国，投奔吴国（都城在今江苏苏州）。

伍子胥带着公子胜逃出郑国后，白天躲藏，晚上赶路，来到吴楚两国交界的昭关（今安徽含山县北）。楚平王早就下令悬赏捉拿伍子胥，令人画了伍子胥的像，张贴在楚国各地的城门口，嘱咐各地官吏严加盘查。幸亏他们遇到了一个好心人东皋公，他非常同情伍子胥，便把伍子胥等人接到自己家里。东皋公有一好友皇甫讷长相酷似伍子胥，他想让此人来冒充伍子胥过关。可皇甫讷那时并不在家中，他们足足等了六日还不见皇甫讷回来。伍子胥心急如焚，等到了第七日早晨，伍子胥居然须发全白。"伍子胥过昭关，一夜愁白了头"就出自于此。适逢东皋公来告知其好友已回，但见伍子胥这般模样，便告知于他。伍子胥起初不信，拿镜子一照，痛哭流涕，将镜子摔至地上，叹曰："一事无成，双鬓已斑，天乎，天乎！"可东皋公却认为这恰是好事，因为这样守关楚兵更不好辨识，正好能助其顺利过关。伍子胥的确命大，若不是如此，历史上也许就不会有他伍子胥的威名了。

装扮妥当之后，四人一起朝昭关方向进发，并于第二日黎明时分赶到昭关。当时正值开关时间，守关楚兵果然把守严密，皇甫讷很快被楚兵发现，并立即被抓获，而伍子胥则带着村家小儿状打扮的公子胜乘混乱之际顺利通过昭关。

伍子胥出了昭关，害怕后面有追兵，急忙往前跑，不料前面一条大江拦住了去路。伍子胥正在着急，江上有个打鱼的老头儿划着一只小船过来，把伍子胥渡过了江。

过了大江，伍子胥感激万分，摘下身边的宝剑，交给老渔人，说："这把宝剑是楚王赐给我祖父的，值100两金子。现在送给你，好歹也算是表表我的心意。"

老渔人说："楚王为了追捕你，出了五万石粮食的赏金，另外还有一个大夫的爵位。我不贪图这个赏金、爵位，难道会要你这把宝剑吗？"

伍子胥连忙向老渔人赔礼，收回宝剑，辞别老渔人走了。

伍子胥的逃难历程可谓艰辛、离奇，如果没有妻子的大义而死以及路人的相助，他是根本逃不出楚国的。假如我们把伍子胥放到其他任何一个朝代，历史将难以展现出一个这样的伍子胥。伍子胥只属于那样的时代。

在吴国，当时的吴王僚是夷昧的儿子。夷昧共有兄弟四人，老大诸樊，即光父；老二余祭；老三便是夷昧；最小的是季札。其父执政之时，因四子季札最为贤能，想传位于他，但季札推让不纳，于是就立嘱于诸樊，并要求兄弟依次当政。当王位传到季札时，季札仍然坚拒不受，夷昧之子僚便趁机称王。公子光是季札之子，他认为本该属于自己的王位却被堂兄僚抢占了，因而一直对僚怀恨在心，总想夺回王位，只是对僚身边的掩余、烛庸、公子庆忌（这三个人在当时的吴国相当厉害，对吴王僚也非常忠心）有所忌惮，只好再寻时机。

来到吴国的伍子胥并未急于求见吴王，而是混迹于街市之中，吹竹箫以明心志。吴国大臣被离发现了他，将其引荐给了吴王。此时公子光也看

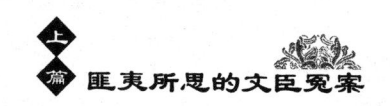

中了伍子胥，只是下手晚了一步。吴王很欣赏伍子胥的才干，许诺要替其报仇雪恨，并拜伍子胥为上大夫，委以重任。

公子光担心吴王重用伍子胥后，自己夺取王位的大计愈加难以实现，便对吴王僚说："您贵为一国之主，而他乃村野匹夫，您怎能答应他的请求？再说，楚强，我们与之作战，胜少负多。即便取胜也只是替他一人报仇，泄了他的恨；若是不胜，会给我们的国家带来多大的灾难？"吴王觉得公子光言之有理，于是决定不去伐楚。伍子胥得知消息后，就辞了官，和公子胜到乡下种地去了。而此时的公子光又来了一招，让吴王与伍子胥的关系来个彻底了断，他对吴王说，伍子胥因您不肯替他报仇，已是怀恨在心。于是吴王对伍子胥更加疏远了。

此后公子光就去找伍子胥，向其表达了自己的心志。并说，如果伍子胥能助其当上吴王，他会替伍子胥报仇。这不失为诱人的条件，对伍子胥来说，他可不管谁当吴王，只要能报仇就行。于是伍子胥答应了，并向公子光推荐了自己的结义兄弟专诸，准备伺机刺杀吴王僚。

吴王僚十一年（公元前516年），楚平王熊居病死，昭王熊轸即位。伍子胥得知后，非常悲愤，楚平王已死，父兄之仇未报，这可怎么办？由于伍子胥报仇心切，竟然一连三天未曾进食。后来他想出一计，对公子光说："你现在可以劝吴王趁楚君新丧攻楚，并让其用掩余、烛庸、公子庆忌为主将，而你在行军途中可假装摔伤而要求返回，这是你除掉吴王僚之绝佳时机。"

公子光依计行使。待吴师伐楚出征之后，他邀请吴王僚去家中做客，品尝在太湖请到的一位名厨做的炙鱼。这位名厨不是别人，正是专诸，他去学烤鱼，正是投吴王僚之所好，以寻机刺杀吴王僚，报伍子胥的知遇之恩。吴王僚果然上当，最终被专诸刺死。而此时在外的掩余、烛庸、公子庆忌闻讯后只得逃往他国。

此后，公子光即位，即为吴王阖闾。阖闾任命伍子胥为"行人"（掌管朝觐聘问之官），"以客礼事之，而与谋国政"，并命他主持修筑国都城池，修建仓库，铸造兵器，编练军队，训练士卒练习骑射及驾驭战车、战船等，准备称霸中原。

伍子胥的悲剧

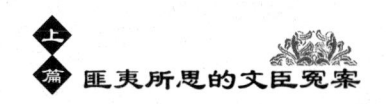

在柏举之战中，最出风头的是阖闾之弟夫概王，但这并没有改变吴国高层三架马车的权力分配格局，即阖闾为君，孙子为将，伍子胥为相。

说到伍子胥，他是春秋历史上不世出的奇男子。伍子胥的传奇人生经历，举家遇害、仓皇逃难、历尽艰险、偶遇明主、策划政变、为父报仇、辅佐少主、含冤而死，他那跌宕起伏的人生，在春秋三百年中，也找不出第二个。

伍子胥祖上有史可考的，就是春秋霸主楚庄王身边的直臣伍举。

伍举不仅是楚庄王时代的名臣，在楚灵王时代，伍举依然敢于直谏，深得楚王赏识，史称"伍氏三世为楚忠臣"。由于伍举打下了坚实的底子，伍氏家族在楚国官场上混得风生水起。

伍子胥作为贵家子弟，在权力私有化的时代，是很容易在官场上捞到一个肥差的。伍子胥上面还有一个哥哥，就是伍尚，但伍尚为人"慈温仁信"，刻薄地讲，是个忠厚而没用的人。而伍子胥在父亲伍奢眼里就是一块稀世珍宝，伍奢曾经当着楚平王的面称赞过伍子胥："胥为人，少好于文，长习于武，文治邦国，武定天下！"

更为重要的是，伍子胥的父亲伍奢是太子熊建（以下皆称太子建）的师傅，私交非常好。可以想见，等太子建继位后，伍子胥肯定会坐直升飞机飞进官场，做出一番惊天动地的事业。只是让所有人没有想到的是，在太子建距离大位越来越近的时候，突然遇到一场可怕的政治变故。不仅太子建的政治前途尽毁，还把伍家拉下了水，本来有机会成为楚国第一政治家族的伍家家破人亡。

其实费无忌真正的目标，不止是要除掉太子建，伍奢和他最贤明的次子伍子胥，都上了费无忌的黑名单。在伍奢被陷害下狱后，楚平王威逼伍奢写信把伍尚、伍子胥召到郢都来，即可免死，被伍奢拒绝。楚平王够阴毒的，他派使者去找伍氏兄弟，说我已经赦免了你们的父亲，并给你们兄弟加官晋爵，快来郢都履新上任吧。

伍尚为人老实，没看透楚平王的花花肠子，以为天上掉馅饼。楚平王是个什么货色，伍子胥再清楚不过，他反对前去郢都送死。伍子胥说得很明白：父亲在楚王手上做了三年人质，之所以不动手，就是因为我们还没落网。一旦我们去郢都，楚王没有后顾之忧，我们必死。

人质的价值就在绑匪还没有实现自己的目的，一旦收到赎金，就有可能撕票灭口。在伍尚的坚持下，他决定在明知有去无回的情况下去郢都陪父亲受死，而伍子胥则选择逃亡。

在伍尚看来，唯一有能力在日后为伍家报仇的，只有伍子胥，而伍子胥本人也是这么认为的，更要命的是，伍奢同样是这么认为的。在得知伍子胥已经逃亡的消息后，伍奢在刑场上幽幽地说了一句："楚之君臣，且苦兵矣。"

伍子胥性情刚烈如火，是典型的江湖豪侠性格，在父兄被杀后，伍子胥的人生目标就是复仇。伍子胥在长江边痛哭流涕："楚王无道，杀吾父兄，愿吾因于诸侯以报仇矣。"因为太子建已经出逃，伍子胥决定去寻找太子建，在路上遇到了好友申包胥。伍子胥咬牙切齿地告诉申包胥："父母之仇；不与戴天履地，兄弟之雠，不与同域攘壤；朋友之仇，不与邻共乡里，今吾将复楚辜，以雪父兄之耻！"

太子建流浪到郑国，本来可以存身，但太子建却犯下了一个致命的错误，他不应该相信晋顷公要让他帮助灭郑，然后把郑国分给他的鬼话。郑定公和宰相子产可不是省油的灯，在人家的地盘上想以客易主，谈何容易？

太子建不出意外地被干掉了，却把伍子胥给害苦了，想必太子建与晋顷公的密谋没有告诉伍子胥，但在郑定公和子产看来，伍子胥不可能洗脱干系。为了活下去，为了心中那个伟大的复仇理想，伍子胥背着太子建的幼子熊胜，狼狈逃离郑国。

至于伍子胥下一站避难所为何选在吴国，结合伍子胥说过要"因于诸侯以报的仇矣"来看，应该是伍子胥认为吴国与楚国是世仇，而且国势渐盛，至少吴王僚有意愿帮助自己灭楚复仇。

在去吴国的路上，发生了一件历史上著名的典故，就是"伍子胥过昭关———一夜愁白头"。其实，真实的情况是昭关（今安徽合山，当时属楚国）守城官员怀疑伍子胥的身份，派人紧追不舍，如果不是突然在江边出现了一位神秘的渔翁，搭船送伍子胥过江，伍子胥和熊胜早已经成了刀下之鬼。

伍子胥这个人，缺点很多，但优点同样突出，特别是性格上。别人对他好，他会记住一辈子；对他不好的，他同样会记住一辈子。渔翁救了伍子胥一命，伍子胥感激涕零，把价值百金的佩剑送给渔翁，不过被渔翁婉言谢绝了。

有意思的是，伍子胥在逃亡的过程中，居然也遇到了一位"漂母"。事情发生在溧阳（今江苏溧阳北），此时的伍子胥已经身无分文，而且又病了一场，为了活下去，伍子胥只能沿街乞讨。

在溧水河边，饥肠辘辘的伍子胥发现有一位"漂母"在洗衣服，她的身旁放着一个盛满饭食的篮子。伍子胥低声下气地哀求漂母施舍一点饭给他填肚子，溧水漂母犹豫了很久，才勉强把篮子中的饭食分给伍子胥一部分。

我们常说春秋第一忍人是越王勾践，其实伍子胥的忍术和勾践相比丝毫不逊色。勾践为了复仇，甘当吴王夫差的奴隶，忍了二十年，才终报一仇。伍子胥的情况也差不多，如果不是强烈的复仇意识在强撑着伍子胥的人生，以伍子胥的刚烈性格，早就飞蛾扑火般找楚平王复仇去了，而不会一忍就是十年。

伍子胥爱恨分明，有仇的报仇，有恩的报恩。阖闾能用伍子胥，也知伍子胥，而夫差只能用而不能知。若能听伍子胥的，楚庄霸业，何愁不成？夫差的人生和勾践不同，夫差这一生实在太顺利了，要风得风，要雨得雨，是温室中美丽的花朵，经不起风雨的摧残，而勾践则是千锤百炼出来的因此取得了最后的胜利。

夫差能小容，不能大容，所以他容不下伍子胥这种刚烈偏执的性格。

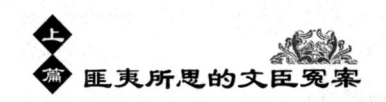

柏举之战的过程非常精彩刺激，但却以吴国君臣强奸楚国君臣之妻而结束，结局实在有些让人无语，非常的荒诞突兀。

伍子胥和勾践其实是一类人，为了成功是可以不择手段的，只要结果，不享受过程。说到千古第一忍人，勾践是最有名的，其实伍子胥论忍功丝毫不比勾践差，这种性格的人，其身后所得到的评价往往是两极化，要么是完人，要么是罪人。

伍子胥报仇之谜

勾践在吴都姑苏当过三年的奴隶,而伍子胥同样在姑苏街头装过一段时间的疯子,勾践当奴隶是在演戏,伍子胥同样在表演。伍子胥每天披头散发,赤着脚走在姑苏的石板街道上,嘴里嘟嘟囔囔说着谁也听不懂的话,双手放在胸前摇来摇去。

伍子胥这么做的动机很简单,他在吴国人生地不熟,他是没有办法通过正常渠道接近吴国最高统治层的。伍子胥唯一的机会就是出现在公开场合,进行夸张的肢体表演,来吸引别人的注意。伍子胥相信一点,在看他夸张表演的观众中,肯定有吴国高层散布在民间的耳目,而伍子胥要等的,就是这样的人。

不是所有人在街头免费表演都能得到喝彩声的,伍子胥有别人不能相比的优势,他的外形实在太帅了!据《吴越春秋》记载,伍子胥"身长一丈,腰十围,眉间一尺",在唯心主义盛行的古代,这样的身体条件往往会被人视为奇异之人。

果然,有一位善于相面的吴国官员发现了与众不同的伍子胥,并把伍子胥推荐给了吴王僚。伍子胥需要的就是这样的机会,他在和吴王僚的会

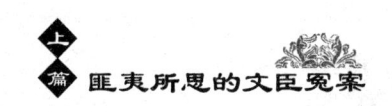

谈中，抵掌如神，侃侃而谈，伍子胥已经看出来吴王僚对他的喜爱，他知道他将有机会完成自己的复仇计划。

其实伍子胥不仅吸引了吴王僚的注意，吴王僚的堂弟公子光也早就盯上了"勇而且智"的伍子胥，想把伍子胥留为己用。伍子胥眼光毒辣，一眼就看穿了公子光藏在内心深处不敢示人的秘密——杀僚自为吴王。

现在伍子胥面临两个选择：一是保僚杀光；二是保光杀僚。从伍子胥奔吴的目标来看，谁能替他报楚杀父之仇，他就会站在谁的船上。问题是吴王僚和公子光都有对外征服的雄心，所以伍子胥只能两利相权从其重，公子光比吴王僚的野心更大，能力更强，所以伍子胥还没有和吴王僚过完蜜月，就钻进了公子光的洞房。

只认目标不认人，更不谈所谓的感情，这是勾践和伍子胥的另一个共同点。文种为勾践灭吴立下不世奇功，结果勾践一句"鸟尽弓藏，兔死狗烹"，便逼文种自杀。伍子胥做事也够狠辣，吴王僚对他有知遇之恩，结果伍子胥却在暗中帮助公子光密谋政变。

"专诸刺王僚"，是春秋时代非常著名的一场宫廷政变，勾心斗角、暗藏杀机、步步惊魂，最终一剑穿心，伍子胥帮助公子光实现了称雄东南的不世霸业。号称春秋四大刺客之一的专诸，就是伍子胥从民间搜寻来的，并把专诸介绍给公子光，"欲以自媚"。

一个"媚"字用得恰到好处，说明伍子胥为了给父兄报仇是不顾一切的，在伍子胥看来，能实现自己的目的就是正义，所以伍子胥并不会对吴王僚有什么负罪心理。也正因为这种偏狭的性格，所以在吴越争霸后期，伍子胥才是勾践最大的死敌。

仇恨，已经占领了伍子胥的精神世界，他似乎就是为了报仇才活在这个世界上的，虽然事情已经过去了很多年。

公元前516年，当楚平王去世的消息传到姑苏时，伍子胥竟然号啕痛哭，他恶狠狠地告诉和他共患难的太子建之子熊胜："你祖父死得太早了，可惜了我的复仇大业！不能亲手杀死你的祖父，恨！"已经长大成人的熊胜默然无语。

伍子胥非常狠辣，为了他的复仇计划，他可以背叛吴王僚，也可以出卖吴王僚的儿子，就是大名鼎鼎的公子庆忌。人们往往注意到伍子胥的吴国重臣身份，却忽略了伍子胥还有另外一个较为隐秘的身份，就是吴国特务暗杀小组组长。

春秋时代有两大著名刺客：一是刺杀吴王僚的专诸；二是刺杀吴王僚之子公子庆忌的要离。这两位暗杀高手有一个共同特点——他们都是伍子胥推荐给阖闾的。

老话常讲，物以类聚，人以群分，伍子胥这样的狠角色推荐的，个个都不是善类。专诸情况还好些，在刺杀王僚之前，把老母幼子托付给阖闾，而要离做得更过分，为了骗取公子庆忌的信任，要离居然让阖闾把自己的妻儿烧死于市。

阖闾是个聪明人，他当然知道伍子胥只是把他当成实现复仇目标的平台。不过阖闾也是个忍人，他为了自己的灭楚大计，同样可以做到忍人所不能忍。

伍子胥能卖掉吴王僚，将来未必就不会出卖自己，但阖闾知道伍子胥的重要性，他曾经下令："无贵贱长少，有不听子胥之教者，犹不听寡人

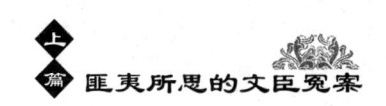

也，罪至死，不赦。"不客气地说，伍子胥和阖闾只是为了实现各自目标才走到一起的，二人之间没少互相利用，甚至互相算计。

伍子胥在阖闾的政治权力分配中，不仅扮演着宰相、特务局长的角色，同时他也是吴国的头号大幕僚。伍子胥的谋略能强悍到什么程度？我们知道楚军的最高军事统帅是囊瓦（子常），但实际上楚昭王心目中的最佳统帅人选是子期。

子期用兵如神，一旦子期统帅楚军，伍子胥的复仇梦想就将成为泡影。所以伍子胥派出能接近楚国高层的超级间谍潜入郢都，散布子期无能论和囊瓦神武论，说用子期为帅，吴必能轻易杀之，但如果用囊瓦为帅，吴将罢兵不敢战。

愚蠢的楚昭王不辨贤愚，上了伍子胥的当，任命囊瓦为帅，结果楚军一败涂地，楚昭王的悲剧成为楚国历史上第一位被敌国攻进国都的楚王，老婆被阖闾肆意奸污。

伍子胥的复仇快感，在吴军士兵刨开楚平王陵、将楚平王还没有腐烂的尸体摆在伍子胥面前时，伍子胥积累十多年的屈辱、痛苦和悲愤，在他用力举起铁鞭的那一刻，烟消云散。

伍子胥对楚平王恨得咬牙切齿，虽然他面对的是一具没有生命力的尸体，但在伍子胥看来，他屈辱地活下来，不就是为了这一天吗？即使是尸体，也是楚平王的！

伍子胥用了平生的力气，对着楚平王的尸体狠抽了三百铁鞭，将尸体打得腐烂如泥。即使如此，伍子胥依然不解恨，他扔掉铁鞭，左脚踩在尸体的肚子上，右手抠出了尸体的眼睛，一边抠一边声嘶力竭地哭喊："让

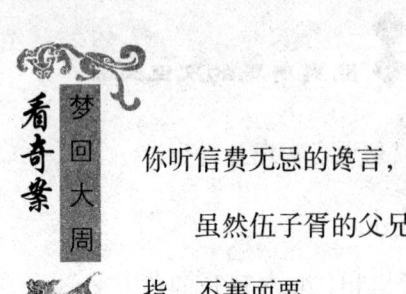

你听信费无忌的谗言，害我父兄！"

　　虽然伍子胥的父兄惨死令人同情，但他掘坟鞭尸的行为也同样令人发指，不寒而栗。

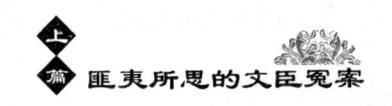

伍子胥的双重性格

伍子胥的性格具有典型的双重性，一方面可以为了自己的个人目标而背叛道义；另一方面，他又可以在富贵之后去寻找曾经施舍给他饭吃的漂母，在他得知漂母投河自尽后，伍子胥将一百金扔到了河里来祭奠她。

这种性格的人，往往是天使与魔鬼的结合体，正义与邪恶，每天在他的灵魂深处进行残酷的肉搏战，伍子胥也不知道哪一方会成为胜利者。但在公开场合，双重性格的人往往表现得非常自信，实际上他们总是在极力掩饰自己灵魂深处的惶恐与不安。

严格来说，伍子胥的一生中只做了两件事情：一件就是投奔吴国，并最终依靠吴国的力量完成了自己的复仇大计；另一件就是在吴国太子死后，伍子胥推荐了阖闾的次子夫差继任太子。

知子莫若父，夫差的为人，阖闾再清楚不过，按阖闾自己的话说，夫差性格太软，"愚而不仁，恐不能奉统于吴国。"从夫差日后的所作所为来看，阖闾的预见完全是正确的。

夫差想做太子想疯了，在得不到父亲肯定的情况下，他买通了伍子胥。夫差希望伍子胥能在父亲面前替他说句好话，伍子胥痛快地答应了。

伍子胥的自信膨胀到了顶点，吴王阖闾在伍子胥眼中，以前是个反楚复仇的政治工具，现在只是个证明伍子胥在吴国呼风唤雨的政治工具。伍子胥告诉夫差："太子未有定，我入则决矣！"在伍子胥的强硬坚持下，阖闾有些无奈，只好违心地立夫差为太子。

这是伍子胥的自作聪明处，他以为他扶持夫差上位有功，即位后夫差会奉自己为大国师，把吴国玩弄于股掌之中。一千年后，隋朝太子杨勇被废，晋王杨广买通了第一权臣杨素这条线，暗中运作，果然成功登上大位。

杨素也以为他能完全控制杨广，结果发现杨广对他处处紧逼。杨广希望杨素早点去见阎王，主要原因是杨素对杨广当皇帝有大功，每一次见到杨素，杨广都会产生一种负债感，这对君主来说是极其痛苦的。

夫差对伍子胥的感觉同样如此，为什么历史上许多新君都对托孤大臣产生反感，甚至刀兵相向，问题就出在这里。权力向来是排他的，但君主的最高权力却是由大臣施舍的，这种屈辱感不是常人能忍受得了的。

另外就是托孤大臣往往德高望重，权力过大，已经严重威胁到君主对天下的有效控制。在这种情况下，君主往往会削弱托孤大臣的权力，扶持江湖威望较低的大臣入阁主事。新阁臣正因为威望较低，权力又是君主赐予，所以在相当时间内不会威胁到君主地位。

伍子胥一直没有看透这一层关系，还沉浸在拥立夫差的美梦中不能自醒。等到夫差不动声色地把同为楚人奔吴的伯嚭安插在伍子胥的身边时，伍子胥才大呼上当，而此时，夫差已经继位十二年了，即公元前484年。

伯嚭和伍子胥是旧交，他的不幸遭遇几乎复制了伍子胥的人生路线

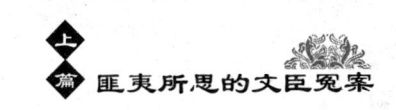

图，伯嚭的祖父是楚国左尹白州犁，也是因为费无忌暗中捣鬼，白州犁被杀，伯嚭听说伍子胥在吴国当官，就跑到吴国混饭吃。

伍子胥常常看得清别人，比如勾践在姑苏上演的苦肉计，一眼就被伍子胥戳穿，但他往往看不清自己。伯嚭之所以能以火星般的速度在吴国官场窜红，实际上是伍子胥在帮忙。

吴国大夫被离看出伯嚭不是善类，"嚭之为人，鹰视虎步，专功擅杀之性，不可亲也。"劝伍子胥和伯嚭拉开距离。伍子胥只相信自己的感觉，他不听被离的劝告，说伯嚭与我同是楚人，又家遭横祸，我们是同病相怜的兄弟，伯嚭岂能害我？

事实却狠狠抽了伍子胥一记响亮的耳光，伯嚭不仅得到了阖闾的信任，身居显要，而且在夫差继位后，伯嚭迅速取代了伍子胥在夫差心中的地位，虽然伍子胥在名义上还是第一阁臣。伯嚭曾经在私下场合拆伍子胥的台，他劝夫差要小心伍子胥，说伍子胥"为人强暴，大王最好离他远点。"夫差不住地点头："寡人知之。"

当伍子胥有所醒悟时，他悲凉地发现，他的身边全是敌人，包括夫差、伯嚭，以及在姑苏卖力表演的越王勾践以及范蠡，甚至还包括春秋第一美女间谍西施。

伍子胥的性格非常刚烈，这种性格的人最大的特点就是爱恨分明，有人对他好，他感激涕零一辈子，有人要做了哪怕有一点对不起他的事情，他都会极其仇恨，必欲报之而后快。

当然，就这事来说，伍子胥恨楚国是有他的道理的，伍家世代忠于楚，结果被整成这样，伍子胥要不恨，也就没有天理了。

吴灭越国以后，伍子胥已经完全失去了对夫差的影响力，当他看破勾践的苦肉计，劝夫差杀掉勾践以绝后患时，夫差不听。当夫差准备放勾践回越时，伍子胥再劝，说："今不灭越，后必悔之。勾践贤君，种、蠡良臣，若反国，将为乱。"又被夫差拒绝。

伍子胥和夫差的政治决裂，给伯嚭一个千载难逢的机会，伯嚭在夫差面前又捅了伍子胥一刀："伍员貌忠而实忍人，其父兄不顾，安能顾王？王前欲伐齐，员强谏，已而有功，用是反怨王。王不备伍员，员必为乱。"《史记·越王勾践世家》而这一次，夫差相信了。伯嚭的这句话就等于说伍子胥意图谋反，不要说夫差无法容忍，就是阖闾也容不下这样的伍子胥。

伍子胥当然不会谋反的，但夫差对他的态度已经定性，夫差不会再听进去伍子胥的任何忠告。伍子胥当年自作聪明地把夫差推向前台，现在搬起石头砸了自己的脚，夫差为了获得太子之位而对伍子胥低三下四，现在看来不过是伪装而已。

绝望的伍子胥已经没有任何能力改变夫差，他唯一能做的就是准备后事，他做了一件非常重要的事情。在伍子胥出使齐国期间，趁机把儿子交给了关系不错的齐国大夫鲍氏，算是给伍家留了一条血脉，一如楚太子建把幼子熊胜交给伍子胥抚养。

而托子于齐，正是夫差与伍子胥矛盾的最高潮，夫差恶狠狠地说道："伍员果欺寡人！"吴王的发怒，宣告着伍子胥传奇人生的终结，夫差断然不能容忍这样的伍子胥。

伍子胥刚回到姑苏，就领了夫差赐他的一柄金镂剑，请大夫自裁吧。伍子胥知道这一天迟早会来，但骄傲的伍子胥还是难以接受这样的残酷

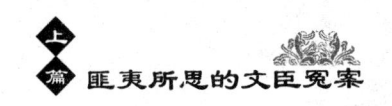

现实，他在做平生最后一次反抗。而这次反抗，是伍子胥自认为不公的命运。

《吴越春秋·夫差内传》对伍子胥自杀有详细的记载，"吴王闻子胥之怨恨也，乃使人赐属镂之剑。子胥受剑，徒跣寨裳，下堂中庭，仰天呼怨曰："吾始为汝父忠臣立吴，设谋破楚，南服劲越，威加诸侯，有霸王之功。今汝不用吾言，反赐我剑。吾今日死，吴宫为墟，庭生蔓草，越人掘汝社稷。安忘我乎？昔前王不欲立汝，我以死争之，卒得汝之愿，公子多怨于我。我徒有功于吴。今乃忘我定国之恩。反赐我死，岂不谬哉！"吴王闻之，大怒，曰："汝不忠信，为寡人使齐，托汝子于齐鲍氏，有我外之心。"急令自裁："孤不使汝得有所见。"子胥把剑仰天叹曰："自我死后，后世必以我为忠，上配夏殷之世，亦得与龙逄、比干为友。"遂伏剑而死。

在临死之前，伍子胥性格中的报复基因再次发作，他提出了一个要求，等死后，把眼睛挖出来，悬在姑苏东门之上，他要在另一个世界看着夫差死于勾践之手。

这个要求激怒了夫差，伍子胥的要求并没有得以满足，他死后，尸体被愤怒的夫差扔进了滚滚长江。伍子胥看不到勾践复仇成功的那一刻，但在他脖颈上的鲜血喷薄而出的时候，他依然坚信这一点：勾践一定会把夫差辗成泥土。

历史也证明了伍子胥准确的判断，可这一切已经和伍子胥没有什么关系了。

屈原之死：为国而亡背后的秘密

在中国历史上，屈原是一位深受广泛推崇的伟大作家。两千多年来，人们对屈原无端受到谗邪小人的中伤和昏庸的楚怀王的放逐深表同情。屈原在流放过程中，又目睹了楚国的危难和"民生之多艰"，因而，带着满腔的愤懑投汨罗江自杀。

屈原投江之谜

战国末期，当时称雄的秦、楚、齐、燕、赵、韩、魏七国争城夺地，互相杀伐，连年不断混战。那时，楚国的大诗人屈原，正当青年，为楚怀王的左徒官。他见百姓受到战争灾难，十分痛心。屈原立志报国为民，劝怀王任用贤能，爱护百姓，很得楚怀王的信任。

那时西方的秦国最强大，时常攻击六国。因此，屈原亲自到各国去联络，要用联合的力量对付秦国。楚怀王十一年，屈原的外交成功了。楚、齐、燕、赵、韩、魏六国君王齐集楚国的京城郢都，结成联盟，楚怀王成了联盟的领袖。联盟的力量制止了强秦的扩张。屈原更加得到了楚怀王的重用，很多内政、外交大事，都凭屈原作主。因而，楚国以公子子兰为首的一班贵族，对屈原非常嫉妒和忌恨，常在楚怀王面前说屈原的坏话。说他夺断专权，根本不把楚怀王放在眼里。挑拨的人多了，楚怀王对屈原渐渐不满起来。

秦国的间谍把这一情况，报告秦大王，秦王早想进攻齐国，只碍着六国联盟，不敢动手，听到这个消息，忙把相国张仪召进宫来商量。张仪认为六国中间，齐楚两国最有力量，只要离间这两国，联盟也就散了。他愿意趁楚国内部不和的机会，亲自去拆散六国联盟。秦王大喜，准备了金银财宝，交给张仪带去。张仪将相印交还秦王，伪装辞去秦国相位，向楚国出发。

张仪到了郢都，先来拜访屈原，说起了秦国的强大和秦楚联合对双方的好处，屈原说："楚国不能改变六国联盟的主张。"张仪看到屈原坚持原则，毫不退让，于是他又去找公子子兰。张仪告诉子兰："有了六国联盟，楚怀王才信任屈原，拆散了联盟，屈原就没有什么可怕了。"子兰听了，十分高兴。楚国的贵族就和张仪连成一气。子兰又引他拜见了楚怀王最宠爱的妃子郑袖，张仪把一双价值万金的白璧献给了郑袖。那白璧的宝光，把郑袖的眼睛都照花了。郑袖欣然表示，愿意帮助他们促成秦楚联盟。大家认为：要秦楚联合，先要拆散六国联盟；要拆散联盟，

先要怀王不信任屈原。

子兰想了一条计策，就说屈原向张仪索取贿赂，由郑袖在怀王面前透出这个风声。张仪大喜说："王妃肯出力，真是秦楚两国的福分了！"张仪布置停当，就托子兰引见怀王。他劝怀王绝齐联秦，并列举了很多好处。最后道："只要大王愿意，秦王已经准备了商於地方的六百里土地献给楚国。"怀王是个贪心的人，听说不费一兵一卒，就可以白得六百里土地。如何不喜。回到宫中，高兴地告诉了郑袖。郑袖向他道喜，可又皱起眉头："听说屈原向张仪要一双白璧未成，怕要反对这事呢！"怀王听了，半信半疑。

第二天，怀王摆下酒席，招待张仪。席间讨论起秦楚友好，屈原果然猛烈反对，与子兰、靳尚进行了激烈争论。他认为："放弃了六国联盟，就给秦国以可乘之机，这是楚国生死存亡的事情呵！"他痛斥张仪、子兰、靳尚，走到怀王面前大声说："大王，不能相信！张仪是秦国派来拆散联盟、孤立楚国的奸细，万万相信不得……"。怀王想起郑袖所说，果然屈原竭力反对秦楚和好；而他又贪图秦国的土地。不禁怒道："难道楚国的六百里土地抵不上你一双白璧！"就叫武士把他拉出宫门。屈原痛心极了，站在宫门外面不忍离开，盼着怀王能醒悟过来，改变主意，以免给国家带来灾难。他从中午站到傍晚，看见张仪、子兰、靳尚等人欢天喜地走出宫门，这才绝望，叹着气喃喃地说："楚国啊，你又要受难啦……"

屈原回到家中闷闷不乐，想到亲手结成的联盟一经破坏，楚国就保不住眼前的兴旺，不禁顿脚长叹。替他管家的姐姐女嬃问明情由，就知他遭到了小人的陷害，劝他不要再发议论了，屈原道："我是楚国人，死也不能看到楚国遇到危险啊!"他认为怀王会醒悟,一定会分清是非的。只要怀王回心转意,楚国就有办法了。但是怀王不再召见他,他越来越忧愁,常常整夜不眠。他写了一篇名叫《离骚》的长诗,把对楚国的忧愁和自己的怨愤都写了进去。"离骚"就是"离忧",人在遭遇忧愁的时候,怎不呼叫上天和父母,以抒发自己的怨愤呢!这篇诗传到宫中,子兰、靳尚等人又有了攻击屈原的材料,说屈原把怀王比作桀纣。怀王一怒,撤掉了屈原的官职。

郢都的空气快把屈原逼疯了。女嬃劝他换个地方去休养一阵,他大声说:"我不能带着楚国和百姓一起走!"但在女嬃的日夜劝说下,他到底搬出了郢都,准备住到汉北去。他走一阵,又回望一阵,他挂念着国事,到一处就歇几天,打听一下消息。有一天,他看到一座古庙里的墙壁上画着天地神灵和古代圣贤的故事。圣君贤王的事迹触动了他的心事,他想不通怀王为什么这样糊涂。他对神灵大声喝问:"这世界究竟有没有是非?……"因此写成了《天问》这篇长诗。神灵没有回答他,可事实却对他作了回答。

当怀王和齐国断绝了邦交、拆散了联盟以后,就派人跟张仪到秦国去接收土地。将近秦都咸阳,张仪装作喝醉了酒,在下车时跌了一跤,推说跌伤腿,就辞别了楚使,先进城去了。楚使住在客馆里,天天去找张仪。张仪总是推腿伤未愈不能接见。一直过了三个月,张仪得到六国联盟确实已经瓦解了的消息以后,才出来接见楚使。当楚使提到交割土地时,张仪赖得一干二净。他说:"我说献给楚王的,是自己的六里俸地。秦国的土地怎么能够献给旁人呢?"楚使有口难言,只得空手回来报告楚王。这一

来，可把怀王气昏了。他仗着这几年养精蓄锐，兵粮充足，就派了大将军，带领十万大军，进攻秦国。秦王立刻改变了攻齐的计划，索性联合齐国，分两路迎击楚军。楚军挡不住两国的夹攻，连打几个败仗。秦兵占领了楚的汉中地方。

消息传到汉北，把屈原急坏了。他愤怒、叹气，最后决定赶回郢都，设法去抵抗秦国。半路上，他接到了怀王的命令，派他出使齐国，恢复联盟。屈原高兴地想："大王到底回心了！"就立刻奔赴齐国。怀王违背联盟，齐国十分愤恨。但是屈原毕竟是齐王敬重的人，经过一番谈判之后，才答应撤回助秦攻楚的齐兵。屈原还未返国，就得到了秦楚议和的消息。他怕怀王再受欺骗，连忙辞了齐王，赶回楚国去。

他到了楚国云梦地方，看见当地百姓正在追悼在战争中阵亡的将士。屈原十分感动，停下车进去参拜。他立在神位面前诵读他所做的《国殇》诗，悼念为国牺牲的战士。念到沉痛的地方，百姓都流下泪来，屈原也放声痛哭。

屈原走了，楚国满朝文武都投入郑袖、子兰一党，联盟不久又散了。从怀王二十七年起，秦国连连对楚国发动战争。楚国的国势一天不如一天，失掉了对抗秦兵的力量。怀王三十年，秦国占领了楚国北部的八座城池。

怀王正在愁闷，忽然接到秦王的来信，请他到秦国武关这个地方，商谈秦楚永世友好的办法。怀王左思右想，拿不了主意。要不去，只怕秦军向南进攻；要去呢，又怕秦国心怀叵测。子兰首先劝怀王："秦王愿意和好，这机会可失不得。"靳尚也说："走一遭儿，至少有几年太平。"怀王

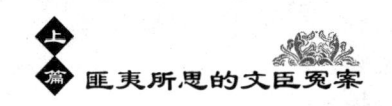

回到后宫，又听了郑袖一番劝行的话，这才打定了主意，马上写了回信，同意去武关会谈。

准备了几天，他和靳尚带了500人马动身，才离郢都，途中只见有一匹马飞一般奔来。奔到跟前，马上的人跳下来，伏在车前，大声恸哭。怀王一看，原来是三闾大夫屈原，他听到了怀王要去武关的消息，连夜飞马而来。只听他悲声说道："大王啊！秦国如虎口，这危险冒不得！你要想想楚国的祖宗和百姓，不能单听小人的说话！"十多年不见，屈原憔悴了。怀王见了他，想起这十多年来国势，一天天地走下坡路，心里也涌起了一阵感伤。他正在沉思，靳尚站出来狠狠地对屈原说："今天是大王出门的好日子，三闾大夫说这些丧气话是什么意思？"屈原气得嘴唇发抖，颤声说道："上官大夫！你是楚国人，也该替楚国想想，不能把大王送进虎口啊！"靳尚大怒，迭声叫让开。屈原攀住了车辕不肯放手。靳尚令人把屈原推倒在地，扬鞭催马，簇拥着怀王走了。屈原爬起来，一边追，一边叫。靳尚只怕怀王心里动摇，加快一鞭，那车飞一般地远去了。屈原喘着气站住了，眼睁睁地望着向西而去的人马，等到不见了影子，还呆呆立在那儿。

不到半个月，靳尚只剩下一人一马逃回郢都。果不出屈原所料，怀王和五百人马一到武关，就被秦国扣留，已经送往咸阳。

噩耗传遍了全国。郑袖为了安定人心，立太子熊横为楚襄王；自己掌握国政；任命子兰做管理全国军政的令尹。屈原拚死赶到郢都，要求楚襄王恢复六国联盟，用强大的实力，向秦国讨回怀王。子兰等人是劝怀王去秦国的，他们怕怀王回来问罪，又怕得罪秦国。因此不但不听屈原主张，

而且立刻驱逐他离开都城，并不许他再回郢都。

屈原到了流放的陵阳地方，日夜心烦意乱。秦襄王二十一年，一个晴天霹雳般的消息把他击昏了：秦将白起进攻楚国，占领郢都，楚国的宗庙和陵墓都被毁了。楚国要亡了！他决定回到郢都去，死在出生的土地上。他头也不梳，脸也不洗，昏昏沉沉的走了几天，到了汨罗江边。他在清澈的江水里看见了自己的满头白发，心里像波浪一样翻腾起来，然后投入滔滔江水，以死殉国。

端午节与屈原的渊源

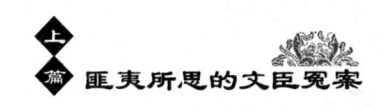

端午节吃着粽子的人们似乎多已忘却端午与屈原的关系，正如唐人褚朝阳所写：但夸端午节，谁荐屈原祠。多数人能记住的或许仅仅是一位名叫"屈原"的"爱国者"。但事实上，这是对屈原最大的误读，真实的屈原既非"沾沾于一家一姓的奴才"，更非怀抱国仇家恨的哈姆雷特。他的骨血之中，承载的是自贵族时代延续下来的贵族风骨与良知，以及以知识与学养淬炼出的对真理、文明的永恒追求。所以，闻一多将他视作"挣脱枷锁变成人"的"奴隶"。他的自沉，既是对物欲横流功利时代的最后反抗，也是对人格独立的渴望，更是对思想自由的向往，他真正代表着我们民族的"心"。而今，遗忘屈原的中国人，"心"又在何方？

某年五月五日这一天，汨罗江边踉踉跄跄的走来一个伟岸而苍老的身影——他就是屈原，虽然还是博带高冠，但衣衫已显褴褛，不见了早年英武俊秀的身姿，取而代之的是憔悴和绝望。他反复低吟着"举世皆浊我独清，众人皆醉我独醒"，走走停停，且行且吟，最后好像是终于下定了决心，抱起一块石头，准备跳江！此时，从远处的江面上划来一只小船，船上的渔夫惊讶地问："这不是三闾大夫吗？怎么沦落到这般地步？"屈原

沉吟道:"举世皆浊,唯我独清;众人皆醉,唯我独醒,故而被放逐至此。"

渔夫不以为然地说:"举世皆浊,为什么你不随波逐流?众人皆醉,为什么你不多喝几杯?何苦自寻烦恼呢?"

屈原听罢义正辞严:"不!我听说人们洗头后都要掸掸帽子,然后才戴;沐浴后,都要抖抖衣衫,然后再穿。有谁愿意让干干净净的身体蒙上尘土呢?我宁可投江藏身鱼腹,也决不与邪恶之人同流合污!"

渔夫摇摇头,划船离岸,边划边唱道:"沧流之水清兮,可以濯我缨。沧流之水浊兮,可以濯我足。"

随着悠远而去的渔歌,一个高尚的身躯淹没在水波浩淼的汨罗江中——当地百姓闻讯划船捞救,一直行至洞庭湖,始终不见屈原的尸体。那时,恰逢雨天,湖面上的小舟皆汇集岸边亭旁。当人们得知是为了打捞贤臣屈大夫时,再次冒雨出动,争相划进茫茫的洞庭湖。为了寄托哀思,人们荡舟江河之上,此后才逐渐发展成为龙舟竞赛。百姓们又怕江河里的鱼吃掉他的身体,就纷纷回家拿来米团投入江中,以免鱼虾糟蹋屈原的遗体,后来就演变成了吃粽子的习俗。由此看来,端午节吃粽子、赛龙舟与纪念屈原相关,从此一个千古不朽的悲剧流芳百世,一个承载着中华民族传统文化的节日世代流传。

屈原与渔夫的对话,是一次理想与现实、崇高与世俗的激烈和尖锐的碰撞,表现出了两种截然不同的处世哲学,两种价值观的水乳不相容。渔父劝他"与世推移",不要"深思高举",自找苦吃。屈原表示宁可投江而死,也不能使清白之身,蒙受世俗之尘埃。在渔父看来,处世不必过于清

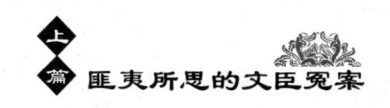

高。世道清廉，可以出来为官；世道浑浊，可以与世沉浮。至于因"深思高举"，落得个被放逐，则是大可不必。一个亘古不变的哲学命题，引出了多少世人乃至哲人的思考和迷惑。

屈原早年受楚怀王信任，任左徒、三闾大夫，常与怀王商议国事，参与法律的制定，主张彰明法度，举贤任能，改革政治，联齐抗秦。同时主持外交事务。主张楚国与齐国联合，共同抗衡秦国。在屈原努力下，楚国国力有所增强。但由于自身性格耿直加之他人谗言与排挤，屈原逐渐被楚怀王疏远。公元前305年，屈原反对楚怀王与秦国订立黄棘之盟，但是楚国还是彻底投入了秦的怀抱。使得屈原亦被楚怀王逐出郢都，流落到汉北。屈原被逐出郢都，流放期间，屈原感到心中郁闷，开始文学创作，在作品中洋溢着对楚地楚风的眷恋和为民报国的热情。其作品文字华丽，想象奇特，比喻新奇，内涵深刻，成为中国文学的起源之一。前278年，秦国大将白起挥兵南下，攻破了郢都，屈原在绝望和悲愤之下，怀大石投汨罗江而死。传说当地百姓投下粽子喂鱼以此防止屈原遗体被鱼所食，后来逐渐形成一种仪式。以后每年的农历五月初五为端午节，人们吃粽子，划龙舟以纪念这位伟大的爱国诗人。1953年是屈原逝世2230周年，世界和平理事会通过决议确定屈原为当年纪念的世界四位文化名人之一。

屈原出生于楚国贵族家庭，屈原和楚王一样，芈姓，该姓出自黄帝颛顼系统的祝融氏；芈姓族群从商代迁徙至南方楚地，当传到熊绎时，因功受周封于楚，遂居丹阳。这就是屈原的故乡。春秋初期，约公元前7世纪，楚武王熊通的儿子被封在"屈"这个地方，称为屈瑕，他的后代就以屈为氏了。楚王的本家中，和屈氏家族类似的，还有昭氏和景氏，昭、

屈、景是楚国王族的三大氏。屈原曾任三闾大夫，据说就是掌管王族三氏的事务。

屈原既是楚王的本家，当时叫作"公族"或"公室"，那么他和楚国的关系，当然也就不同一般。屈氏子孙如屈重、屈完、屈到、屈建等，在楚国都曾担任过要职。屈原的父亲叫伯庸。到了屈原这一代，屈氏当大官的人不多，只有屈原和后来被秦国俘虏的大将屈丐。屈原楚辞《九章》中的《惜诵》曾说道："忽忘身之贱贫"。很可能当时这个贵族家庭已经衰落了。

屈原的远祖是颛顼高阳氏，应是夏氏族的一部分。据《史记·楚世家》说，高阳氏六代孙名季连，是楚的创业始祖，周成王时，季连的曾孙熊绎受封于楚，居丹阳（今湖北秭归），传至熊通（一作达），就是楚武王。其子瑕，封采邑于屈，子孙就以屈为氏，所以屈是楚国姓的分支。自春秋以来，屈姓历世都担任楚国的显要职位，担任高级官职莫敖的有屈重、屈完、屈荡（前后两见）、屈到、屈建、屈生等，多半是父子相传。

屈原的父亲，《离骚》中称其名为伯庸，可能也是化名。另外，传说中屈原还有一姊。

屈原的出生日期，据近代许多人研究的结果，大概不出于楚宣王二十七年（前342年）到三十年（前339年）之间。照甲子推算，那年应该是戊寅年，不过巧得很，屈原的出生不但是寅年，而且又是寅月寅日。照中国历法的老话是"人生于寅"，所以夏正便以建寅之月（即正月）为岁首。屈原既然是寅年寅月寅日生，真正符合于"人"的生辰，所以在屈原著名的作品《离骚》中说："摄提贞于孟陬兮，惟庚寅吾以降"。这句是说太岁星逢

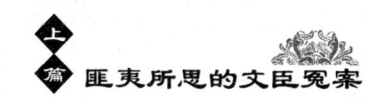

寅的那年正月，又是庚寅的日子，我从母体降生了。说明这一年是寅年；孟是始，硕是正月，夏历以建寅之月为岁首，说明这年正月是寅月；庚寅则说明这一天是寅日。屈原出生在寅年寅月寅日，这可是个好日子（据邹汉勋、刘师培用殷历和夏历推算，定为前343年正月二十一日。清代陈玚用周历推算定为前343年正月二十二日），目前一般定为前340年。

屈原是爱国者

孔子与屈原在中国的影响太大了，许多人被他们其中之一的精神所导引着。但是在这里，却有一件大可对照的事看出来了，这就是受了孔子精神的感发的，是使许多绝顶聪明的人都光芒一敛，愿意作常人，孟轲是这样的人，朱熹也是这样的人！反之，受了屈原的精神的影响的，却使许多人把灵魂中不安定的成分搅醒了，愿意作超人，贾谊是一个例子，李白也是一个例子。

这事情是偶然的吗？一点也不。原来孔子精神是由社会到个人的，他觉得只要社会建造好了，其中的个人不会不好，他侧重社会，他因此常想把个人受拘束于社会之中。他告诉弟子们："毋意，毋必，毋固，毋我"。这都是教人牺牲个性，以适应美的生活的。他告诉人："敏于事而慎于言"，他告诉人："泛爱众而亲仁"，他告诉人："晏平促善与人交，久而敬之"，这都是指示人如何可以过一种人与人相安的生活，而不会搅乱社会的和平的。他的志愿是："老者安之，朋友信之，少者怀之"。他讲诗教，也注意到"可以群"，原来他时刻不忘群的生活。

所谓把社会建造好了，其中的成员不会不好，但是怎么样才能把社会建造好了呢？照孔子的理想便是"礼"。假若社会上有一种"礼"的文化，所有成员都服从于"礼"，那么，各个人便都是好的了。孔子一生的事业在"礼"上。从他小时的游戏"陈俎豆，设礼容"，到他壮年发表政治理想在"君君，臣臣，父父，子子"，一直到他政治活动失败了，定礼乐，作为他那"礼的设计"之最后的修订；著《春秋》，作为他那理想的社会中"礼的制裁"之寄托，在他这栖栖惶惶的73岁的生涯中，没有哪一天忘记过他心中的最高理想——礼。

传说中的孔子适周见老子，不就是为问"礼"么？

然而个人与群体的冲突是不可免的。但是纯粹抹杀个性，这样的群体也就是腐烂朽败；反之，纯粹听任个性，也势必使这样的群体不得一日安宁。那么，怎么办呢？孔子告诉我们的态度是"群而不党"，是"周而不比"，是"泛爱众而亲仁"。然而这是原则，而不是实践。实践时须有一种方法，一方面保持自己的个性，一方面避免个人与群的冲突。这是一种艺术，这种艺术就是"礼"。不错，"礼不妄悦人"，然而在不"妄"之下，究竟还是使人悦的。"将上堂，声必扬；户外有二屦，言闻则入，言不闻则不入"，"户开亦开，户阖亦阖，有后入者，阖而勿遂"，"并坐不横肱"，"尊客之前不叱狗，让食不唾"，"立毋跛，坐毋箕，寝毋伏"（《曲礼》），这些虽然是小节，但犯了时，就会惹人讨厌，就不能过一种和易的群的生活，反之，如果作到了，却会唤起人们的好感，大家生活得便更愉快些。这就是一种生活艺术。

在相反的出发点上是屈原。他的看法是，只要在社会上的各个分子好了，这个整个社会就好了。他的思想的途径是：由个人到社会。于是他希

望社会上各个分子都是全然无缺的，都是坚贞的，都是硬朗的，都是优美而高洁的。然而社会上各个分子是不能如他理想的，"哀众芳之芜秽"，就是他的痛苦所在——多么伟大的一种痛苦！他希望得太切了，于是幻灭得太厉害，于是他情不自抑地说："宁溘死而流亡兮"，"予焉能忍与此终古"！

因为孔子侧重在社会，所以对个人的过失有时候可以原谅，所以说："观过知仁"。就是孟子也说："人恒过，然后能改"。可是屈原是不行的，他的社会理想既以个人为起点，所以对于个人的过失到了不能原谅，不能忍耐的地步。最后，他实在无从妥协了，于是只能一死。

屈原的《橘颂》，不啻是一种自赞，却也不是一种自铭自警："嗟尔幼志，有以异兮；独立不迁，岂不可喜兮！……闭心自慎，终不过失兮！秉德无私，参天地兮！……年岁虽少，可师长兮；行比伯夷，置以为象兮！"他自视甚高，这是因为他希望各个人都做到理想的地步，于是他不得不先从自己作起。但是结果别人离他太远了，"我本不弃世，世人自弃我"，这是李白的寂寞，却也是屈原的寂寞。越想做超人，越要寂寞，越寂寞，越要做超人。受了屈原影响的人，便多半做了寂寞的超人了！

却因为屈原侧重个人，向往超人，所以他的崇拜者便较少。真正欣赏他而了解他的人，是限于诗人的圈子里。端午节虽有，吃粽子的人多，知道屈原的人少。

"求仁而得仁"，孔子与屈原在中国所得到的待遇，也原是自然的了。

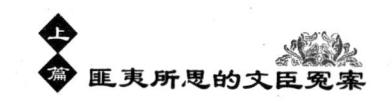

探秘屈原的精神境界

孔子与屈原虽然有这样大的分别,但他们不是没有共同点。在热心救世的这一点上,是再没有比他们更相似的了。他们的热心救世到了不顾现实的地步。"知其不可而为之",这是孔子;"余固知謇謇之为患兮,忍而不能舍也",这是屈原。他们的失败,他们自己何尝不知道?然而他们偏要作下去,因为他们不忍得放手。个人的利害,他们也不贬抑到毫不足轻重的地步。因为他们热心救世,他们在精神上,便都遇到了他们的反对者了。孔子遇到的是楚狂接舆,接舆的歌是:"凤兮凤兮,何德之衰!往者不可谏,来者犹可追也。已而已而,今之从政者殆而!"屈原所遇到的是江潭渔父,渔父的话是:"圣人不凝滞于物,而能与世推移。举世皆浊,何不淈其泥扬其波;众人皆醉,何不餔其糟而歠其醨?何故深思高举,而自令放为?"又歌道:"沧浪之水清兮,可以濯我缨;沧浪之水浊兮,可以濯我足!"最有趣的是,这个渔父和楚狂和行径真有点相似,渔父把歌唱完了,就掉头而去,"不复与言";那个楚狂却也是当孔子下车,欲与之言时,他"趋而去,弗得与之言"。他们都看得多么清楚,作得多么斩截爽利,一点留恋也没有!

可是孔子与屈原不行。他们不是理智不够，却是情感太多了，他们对于人间太爱了，他们不能冷冷然。任何人的失败，都不足以动摇他们的信心，任何样的打击和冷淡，都不足以熄灭他们胸中忠于理想的火焰。孔子到了68岁了，才结束了他的仆仆风尘的跋涉；屈原也是到了60岁以上的人了，才下了决心离开浊世。他们的晚年都不是平淡的：孔子在风烛残年中没有忘下他壮年的梦："甚矣吾衰也，久矣吾不复梦见周公"；屈原在老迈之中也没有放弃他青年时对美好的事物之情感和态度之倔强："余幼好此奇服兮，年既老而不衰，带长铗之陆离兮，冠切云之崔嵬，被明月兮佩宝璐，世溷浊而莫予知兮，吾方高驰而不顾。"（《涉江》）

不错，屈原终于自杀了，但他不是弱者，也不是由于对世界淡然。反之，他仍是一个强者，他未被世界上任何邪恶所征服，他没有妥协半点，最后，为了他自己的精神的完整，所以才甘心葬于鱼腹。他不是贪生怕死的，为什么说他是弱者呢？他也不是对世界淡然的，要知道他是在60岁以上才自杀的，可知在他自杀之前，经过了一种长期的内心斗争。他为什么不早撒手而去？只是因为不忍。"羌灵魂之欲归兮，何须臾而忘反？……曼予目以流观兮，冀壹反之何时；鸟飞反故乡兮，狐死必首丘；信非吾罪而弃逐兮，何日夜而忘反！"（《哀郢》）他对于故乡的留恋犹且如此，他对于人间的炽爱自不必说。

在世故的人眼里，孔子与屈原都是太看不开的人，都太凝滞，都太不懂得"已而已而"，都太傻。楚狂承认孔子是凤，可知他对孔子的才智非常钦羡，他告诉孔子"往者不可谏，来者犹可追"，可知他怕伤孔子的心，所以仍留给了孔子一点希望，虽然这希望在将来。难道他对于孔子不是很

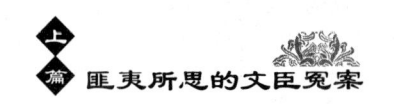

同情，虽劝告，而仍在安慰着吗？渔父对屈原也承认是"深思高举"，不过劝他"与世推移"，他这是开导一个"看不开"的热情诗人的话，但在开导之中，何尝没有深切的了解和深挚的爱护？楚狂和渔父都是聪明人，和孔子屈原不同道罢了，却仍不愧为孔子屈原的两个知己。

孔子屈原之热心救世同，但毕竟仍有其异点。这就是，屈原是单纯为理想而奋斗的，他没有想到如何达到这个理想，至少他不是想慢慢地有步骤地达到这个理想的，他却是希望他的理想顷刻而就，马上呈现出来。他缺少由理想渡到现实的桥梁。

孔子不然。孔子是一个体味人生至深的人，不过他没因此埋没了自己的真性情。他从丰富的人生体验中，得到了应付现实的恰好的方法。例如他说："成事不说，遂事不谏，既往不咎"，"可与言而不与方，失人；不可与言而与之言，失言；知者不失人，亦不失言"，"君子有三戒：少之时，血气未定，戒之在色；及其壮也，血气方刚，戒之在斗；及其老也，血气既衰，戒之在得"：假若不是在现实生活里深深体会过来的，不会说这样的话。有时孔子的话让人听了，真可以觉得入木三分，警惕惭悚，至于无地，便如："苗而不秀者，有矣夫；秀而不实者，有矣夫"，"学而不思则罔，思而不学则殆"，"岁寒然后知松柏之后凋也"，这些话更决不是只耽于冥想的人所能够给我们的，其中有丰富而深透的人生经验！

屈原不同，屈原是一个贵族。生活是在贵族中，所以他注重个人，极其主观，但性情却高贵而真挚。孔子生长在贫贱中，所以注重群，很理智，很客观，气魄健拔而不作白昼的幻想。

孔子有理想，又有到达理想的桥梁，所以像《礼记》上所称的大同和小康，《春秋》公羊派所称的三世，很可能是孔子政治思想的内涵，至少也是可以从孔子的思想推论出来的。孔子是世界主义的，但是他的世界主义并不飘渺。

屈原却似乎只是国家主义为止境，但即以国家主义论，屈原的理想色彩还是太浓，他没想到把他的理想建在如何的现实上。

孔是古典的，屈原是浪漫的。

屈原两次流放之谜

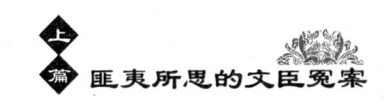

屈原一生经历了楚威王、楚怀王、顷襄王三个时期,而主要活动于楚怀王时期。这个时期正是中国即将实现大一统的前夕,"横则秦帝,纵则楚王。"屈原因出身贵族,又明于治乱,娴于辞令,故而早年深受楚怀王的宠信,位为左徒、三闾大夫。屈原为实现楚国的统一大业,对内积极辅佐怀王变法图强,对外坚决主张联齐抗秦,使楚国一度出现了一个国富兵强、威震诸侯的局面。但是由于在内政外交上屈原与楚国腐朽贵族集团发生了尖锐的矛盾,由于上官大夫等人的嫉妒,屈原后来遭到群小的诬陷和楚怀王的疏远。

怀王十五年,张仪由秦至楚,以重金收买靳尚、子兰、郑袖等人充当内奸,同时以"献商於之地六百里"诱骗怀王,致使齐楚断交。怀王受骗后恼羞成怒,两度向秦出兵,均遭惨败。于是屈原奉命出使齐国,重修齐楚旧好。此间张仪又一次由秦至楚,进行瓦解齐楚联盟的活动,使齐楚联盟未能成功。怀王二十四年,秦楚黄棘之盟,楚国彻底投入了秦的怀抱。屈原亦被逐出郢都,到了汉北。

怀王三十年,屈原回到郢都。同年,秦约怀王武关相会,怀王遂被秦扣留,最终客死秦国,顷襄王即位后继续实施投降政策,屈原再次被逐出

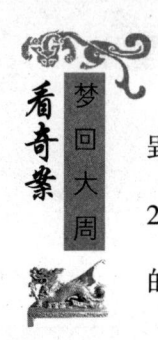

郢都，流放江南，辗转流离于沅、湘二水之间。顷襄王二十一年（公元前278），秦将白起攻破郢都，屈原悲愤难捱，遂自沉汨罗江，以身殉了自己的政治理想。

屈原第一次流放汉北地区，是楚怀王十六年（前313年），为了破楚、齐联盟，秦国派张仪带了很多财宝到楚国活动。张仪贿赂了楚国的一批权贵宠臣，又欺骗楚王说："楚国如果能和齐国绝交，秦国愿意献出商、于一带六百多里土地。"可是利令智昏的楚怀王不以为然，听信了张仪的鬼话，就把相印授予张仪，封张仪为相；贪图六百里的商於之地，真的和齐国断绝了合纵之盟；还派人跟张仪去秦国受地。张仪回秦国后装病，三个月不见楚使。愚蠢的怀王还以为是张仪怪他绝齐不够坚决，又派人去辱骂齐王一通。齐王大怒，断绝了和楚的合纵，反而和秦国联合起来了。这时张仪才出面对楚使说："您为什么不接受土地呢？从某地到某地，长宽六里。"六百里变成了六里，楚使很生气，归报怀王，怀王大怒，先后两次兴师伐秦，结果都被秦打败，丧失八万军队，大将军屈丐、裨将军逢侯丑等70余人被秦军俘虏，还被占去汉中大片土地。

这时怀王稍有醒悟，"悔不用屈原之策"，"于是复用屈原"，让他出使齐国，重修楚齐之盟。秦两次大败楚军之后，也怕齐、楚复交，于是主动提出退还汉中之地的一半以求和。楚怀王恨透了张仪，提出不要汉中地，只要张仪人头。秦惠王本不同意，张仪却胸有成竹地说："以我张仪一个人就能抵得上汉中的土地，臣愿意到楚国去。"张仪到楚以后，贿赂了郑袖、靳尚之流，在楚怀王面前一番花言巧语之后，糊涂透顶的楚怀王居然又把张仪给放了；还和秦王结下了婚姻关系。等到屈原使齐回来，说明利

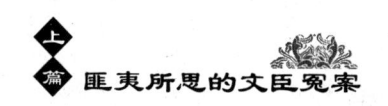

害，怀王想追回张仪，张仪早已走得无影无踪了。这样楚国对齐国又一次大失信用。前305年，楚怀王二十四年，楚又一次背齐合秦，去秦迎亲；第二年，怀王还与秦王会于黄棘（今河南新野县东北）、接受了秦退还的上庸之地（今湖北竹山县）。当时屈原虽竭力反对，结果不但无效，反而遭到了第一次流放，流放到了汉北地区（今安康一带及汉水上游地区）。

前303年，楚怀王二十六年，齐、韩、魏三国攻楚，声讨楚违背纵约。楚向秦求救，还把太子送到秦国作人质。第二年，楚太子杀了秦大夫逃回楚国。前301年，楚怀王二十八年，秦以此为借口，联合齐、韩、魏攻楚，杀楚将唐眜，占领了重丘（今河南泌阳县东北）。第二年又攻楚，消灭楚军2万，又杀楚将景缺。这时，昏庸的怀王才又想起齐楚联盟的重要，让太子质于齐以求齐楚联盟反秦。前299年，秦又攻楚，取楚八城。趁这形势，秦昭王"邀请"，怀王在武关（今陕西商县东）相会。

屈原此时已从汉北的流放地返回，和昭雎等一起，力劝怀王不要赴会，说："秦，虎狼之国，不可信，不如无行。"可怀王的幼子子兰怕失去秦王欢心，竭力怂恿怀王前去。结果怀王一入武关，就被秦军扣留，劫往咸阳，要胁他割让巫郡和黔中郡。楚怀王被劫往咸阳，楚由齐迎归太子横立为顷襄王，公子子兰为令尹，不肯向秦割让土地，秦又发兵攻楚，大败楚军，斩首5万，取16城。前296年，顷襄王三年，怀王客死于秦国，秦国将他的尸体送回楚国安葬。楚国人都怜悯他，如同哀悼自己的父母兄弟。诸侯由此认为秦国不义。秦国、楚国断绝交往。

前293年，顷襄王六年，秦派白起前往伊阙攻打韩国，取得重大胜利，斩首24万。秦国于是送给楚王书信说："楚国背叛秦国，秦国准备

率领诸侯讨伐楚国，决一胜负。希望您整顿士卒，得以痛快地一战。"楚顷襄王很忧虑，就谋划再与秦国讲和。屈原来说是绝对不能容忍的。他和楚国人民一样，一方面责怪子兰不该劝怀王入秦，以至使怀王死在秦国，又责怪他不该怂恿顷襄王向秦国屈膝投降。他写诗抒情，表达了他眷顾楚国，系心怀王，不忘欲反"的感情，又指出，怀王最后落到客死他国的下场，就是因为"其所谓忠者不忠，而所谓贤者不贤也"。这对子兰形成了威胁，于是子兰指使靳尚到顷襄王面前进谗，使屈原第二次被流放到南方的荒僻地区。这次流放的路线，按《哀郢》分析，是从郢都（湖北江陵县）出发，先往东南顺江而下经过夏首（湖北沙市东南）、遥望龙门（郢都的东门）经由洞庭湖进入长江，然后又离开了夏浦（湖北汉口），最后到了陵阳（据说是今安徽青阳县南）。

后人写有屈原自沉前的情景：屈原既放，游于江潭，行吟泽畔，颜色憔悴，形容枯槁。

渔父见而问之曰："子非三闾大夫与！何故至于斯？"

屈原曰："举世皆浊我独清，众人皆醉我独醒，是以见放。"

渔父曰："圣人不凝滞于物，而能与世推移。世人皆浊，何不淈其泥而扬其波？众人皆醉，何不哺其糟而歠其醨？何故深思高举，自令放为？"

屈原曰："吾闻之，新沐者必弹冠，新浴者必振衣；安能以身之察察，受物之汶汶者乎？宁赴湘流，葬于江鱼之腹中。安能以皓皓之白，而蒙世俗之尘埃乎！"

渔父莞尔而笑，鼓枻而去，乃歌曰："沧浪之水清兮，可以濯吾缨；沧浪之水浊兮，可以濯吾足。"遂去，不复与言。

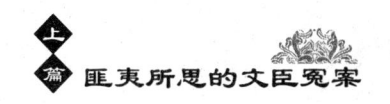

春秋谋臣文种：功成不退遭赐死

> 文种是春秋末期著名的谋略家。越王勾践的谋臣，和范蠡一起为勾践最终打败吴王夫差立下赫赫功劳。灭吴后，自觉功高，不听从范蠡劝告继续留下为臣，却被勾践不容，受赐剑自刎而死。

谋臣文种之死

文种，春秋时期越国大臣，古代杰出的政治家。越王允常在位的时候，越国与相邻的吴国之间经常发生战争。允常死后，他的儿子勾践即位。吴王阖闾得知越王允常去世的消息，趁越国国丧之机，起兵攻打越国。

越王勾践得知吴国前来进攻，立即发兵迎战。两军相遇，勾践施巧

计迷惑吴军，然后指挥越军对吴军发动突然袭击，一举将吴军击败。吴王阖闾在战斗中被越军用箭射成重伤。吴军撤军回国后，吴王阖闾伤势恶化去世。

吴王阖闾的儿子夫差继承王位后，抓紧一切时间训练军队，准备攻击越国，为父亲报仇。越王勾践三年，勾践听说吴王夫差日夜练兵，准备报复越国，就先发制人攻击吴国。吴王夫差得知越军前来进攻，调集全国的精锐部队迎战越军。吴军和越军在夫椒山展开了激烈的战斗，吴军同仇敌忾，将越军击败。勾践带着残存的五千人马退守在会稽山上，吴王夫差率兵追来，将越军团团包围。

后来，勾践采纳范蠡和文种等人的意见，向吴王夫差请求投降，做了吴王的奴隶。三年之后，吴王夫差答应了勾践的请求，赦免了越国。

越王勾践回到越国之后，立志复兴越国，苦身励志，发愤图强。勾践在座位旁边悬挂一个苦胆，不论坐卧都能看到苦胆，吃饭时也要尝一尝苦胆。勾践经常向自己发问："你忘记会稽之耻了吗？"勾践亲自耕种土地，他的夫人也亲自织布。勾践每餐顶多只吃一种荤菜，不穿两种以上色彩的衣服。勾践礼贤下士，优厚待客，赈济贫民，慰问遭遇丧事的人家，与百姓同甘共苦。

大夫逢同向勾践进谏说："国家刚刚经历流离失所之苦，现在才重新富足起来，如果现在就整治武备，吴国一定恐惧，一恐惧，战争的灾难就一定会降临。况且猎鹰在出击之前，必先隐蔽好自己。现在吴国向齐、晋两国兴兵，又同楚、越两国结下深怨。在天下威名赫赫，实际上对周王室形成了威胁，德行少而战功多，必然会过分矜傲。为越国着想，不如结交齐国，亲近楚国，随附晋国，而在外表却更尊重吴国。吴国野心膨胀，必然会轻易地发动战争。这就使我们把握时势，在三国伐吴之时，越国乘其疲困进攻，就可以攻克了。"勾践认为逢同的话很有道理，就采纳了逢同的意见。

过了两年，吴王夫差准备征伐齐国，大臣伍子胥进谏说："不行。我听说越王勾践每餐不吃两样的菜，与百姓同甘共苦。这个人不死，必然会成为我国的后患。吴国有越国存在，是腹心之疾；而齐国对于吴国来说，则不过是表面上的皮肤病。希望大王把齐国先放在一边，先讨伐越国。"

吴王夫差不听伍子胥的建议，出兵讨伐齐国，在艾陵将齐军打败。吴王夫差讨伐齐国凯旋后，责备伍子胥，伍子胥说："大王不要高兴！"吴王夫差发怒，伍子胥打算自杀。吴王夫差听说后，制止了伍子胥自杀。

当时，越王勾践采用逢同的"韬光养晦"策略，表面上无所作为，暗中却积极进行多方面建设，积蓄国力。越国君臣担心吴国发现越国的"韬光养晦"策略，很想知道吴王夫差对越国的真实态度。文种对勾践建议说："我看吴王夫差正处于骄傲自大的状态中，请让我试探一下，向他借粮，借此观察一下他对越国有无戒心。"勾践答应了文种的请求。

文种借口越国缺乏粮食，向吴国请求借粮。吴王夫差准备答应越国的请求，借给越国食。吴国大臣伍子胥劝谏夫差不要借给越国粮食，夫差没有听取伍子胥的意见，将粮食借给了越国。越国君臣见夫差借粮给越国，知道夫差对越国没有任何戒心，于是，继续实行"韬光养晦"的策略，使越国的国力迅速增强，并最终消灭了吴国。

在古代，粮食是最重要的物资之一。一个国家将粮食借给另外一个国

家，是一件非同小可的事情。文种知道，要想探明吴王夫差对越国是否存有戒心，必须通过一件重要的事情来进行衡量。而向吴国借粮，正是一个衡量夫差对越国态度的绝佳载体。通过借粮，越国人轻松地掌握了吴王夫差对越国毫无戒备之心的情况，放心地继续实行既定的"韬光养晦"策略，顺利地实现了自己的战略目标。

越王勾践整顿内政，努力生产，使国力渐渐强盛起来，他就和范蠡、文种两个大臣经常商议怎样讨伐吴国的事。

这时候，吴王夫差因为当上了霸主，骄傲起来，一味贪图享乐。文种劝说勾践向吴王进贡美女。越王勾践派人专门物色最美的女子。结果在苎罗山上找到一个美人，名叫西施。勾践就派范蠡把西施献给夫差。

夫差一见西施，果然容貌出众，把她当作下凡的仙女，宠爱得不得了。

有一回，越国派文种去跟吴王说：越国年成不好，闹了饥荒，向吴国借一万石粮，过了年归还。夫差看在西施的面上，当然答应了。

转过年来，越国年成丰收。文种把一万石粮亲自送还吴国。夫差见越国十分守信用，更加高兴。他把越国的粮食拿来一看，粒粒饱满，就对伯嚭说："越国的粮食颗粒比我们大，就把这一万石卖给老百姓做种子吧。"

伯嚭把这些粮食分给农民，命令大家去种。到了春天，种子下去了，等了十几天，还没有抽芽。大家想，好种子也许出得慢一点，就耐心地等着。没想到，过不了几天，那撒下去的种子全烂了，他们想再撒自己的种子，已经误了下种的时候。

这一年，吴国闹了大饥荒，吴国的百姓痛恨夫差。他们哪里想到，这

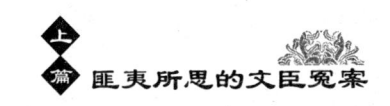

是文种的计策。那还给吴国的一万石粮，原来是经过蒸熟了又晒干的粮食，怎么还能抽芽呢？

勾践听到吴国闹饥荒，就想趁机会发兵。

文种说："还早着呢。一来，吴国刚闹荒，国内并不空虚；二来，还有个伍子胥在，不好办。"

勾践听了，觉得文种的话有道理，就继续操练兵马，扩大军队。

而在吴国这边，夫差越来越讨厌伍子胥，再加上伯嚭在背后尽说伍子胥坏话。夫差给伍子胥送去一口宝剑，逼他自杀。伍子胥临死的时候，气愤地对使者说："把我的眼珠挖去，放在吴国东门，让我看看勾践是怎样打进来的。"

夫差杀了伍子胥，任命伯嚭做了太宰。

公元前482年，吴王夫差约会鲁哀公、晋定公等在黄池（今河南封丘县西南）会盟，把精兵都带走了，只留了一些老弱残兵。

等夫差从黄池会盟之后，得意洋洋地回来，越王勾践已经率领大军攻进了吴国国都姑苏。吴国士兵远道回来，已经够累了，加上越军都是经过多年训练的，士气旺盛。两下一交手，吴军被打得大败。

夫差没奈何，只好派伯嚭去向勾践求和。勾践和范蠡一商量，决定暂时答应讲和，退兵回去。

公元前475年，越王勾践作好了充分准备，大规模地进攻吴国，吴国接连打了败仗。越军把吴都包围了两年，夫差被逼得走投无路，说："我没有面目见伍子胥了。"说着，就用衣服遮住自己的脸，自杀了。

越王勾践灭了吴国，坐在夫差原来坐的朝堂里。范蠡、文种和别的官

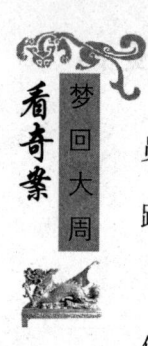

员都来朝见他。吴国的太宰伯嚭也站在那里等着受封，他认为自己帮了勾践不少忙，怎么说也算有恩于越国。

勾践对伯嚭说："你是吴国的大臣，我不敢收你做臣子，你还是去陪伴你的国君吧。"

伯嚭垂头丧气地退了出去。勾践派人追上去，把他杀了。

勾践灭了吴国，又带着大军渡过淮河，在徐州约会中原诸侯。周天子也派使臣送祭肉给勾践。打这以后，越国的兵马横行在江淮一带，诸侯都承认他是霸主。

勾践得胜回国，开了个庆功大会，大赏功臣，可就少了个范蠡。传说他带着西施，隐姓埋名跑到别国去了。

范蠡走前，留给文种一封信，说，"飞鸟打光了，好的弓箭该收藏起来；兔子打完了，就轮到把猎狗烧来吃了。越王这个人，可以跟他共患难，不可以共安乐，您还是赶快走吧。"

文种不信。有一天，勾践派人给他送来一口剑。文种一看，正是当年夫差叫伍子胥自杀的那口宝剑。文种后悔没听范蠡的话，只好自杀了。

文种人生低谷之谜

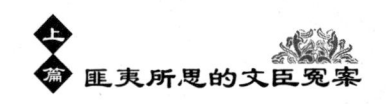

文种是个奇人，他的人生可谓是一路风雨跌宕起伏。我们粗略地理一下文种的一生，可以看到有两条十分明显的界限，换句话说，文种的人生是大起大落的，低谷、高潮再到下一个低谷，在这样的浮浮沉沉当中，文种到底是如何度过的呢？

公元前473年，勾践亲率越国大军攻破了吴国的大都姑苏城，迫使吴王夫差在姑苏台自刎，从而报了当年在吴为奴的一箭之仇。同时勾践也建立了春秋时期的最后一个霸权，而他自己也成了春秋五霸之一。应该说，勾践能够创下这样的千古基业和他个人的勤奋与努力是分不开的，但同时他的左膀右臂也为他的成功做出了许多重要贡献，而最重要的两个人当然是文种和范蠡。然而在帮助勾践完成了大事业之后，范蠡作出的决定是离开越国，到别的地方去闯荡，结果是在陶这个地方开始经商了。陶，春秋末属宋国，为春秋战国时著名的商业城市。借着这个地方优越的地理环境，范蠡的生意越做越大，最终成为了一方富贾，而被后世尊称为"陶朱公"。贾谊《过秦论》中有言："才能不及中人，非有仲尼、墨翟之贤，陶朱、猗顿之富。"这里所说的陶朱也便是范蠡，而文种因为没有听信范

蠡的话，执意留在了越国，而最终的下场却是被勾践无情地赐死。那么文种当时为什么不肯走呢？

文种并非不知道勾践的专横与骄傲，"伴君如伴虎"的道理世人皆知，况且现在这位是得大胜之后坐稳了江山的君王，那是更加难以伺候，而且范蠡走的时候已经和文种把道理讲的十分的明白了，利害关系分析的清清楚楚，而另一方面文种自己也是个聪明人，对于帝王之心的琢磨，肯定有一定的把握，况且帮助勾践这么多年，对于勾践的脾气早已经摸得清清楚楚。那他怎么还会坚持到底，就是不走呢？主要的是有两点主观上的因素在作怪，而恰恰就是这两点致命的因素要了文种的性命。那么是哪两点主观因素呢？

一，为了报答勾践的知遇之恩。历史上类似于这样的故事也有很多。

很多人会认为文种是越国人，也就是现在浙江绍兴人，其实不然，据考证，文种是春秋末期楚国郢人，在楚国，文种并没有得到当时国王楚平王的赏识，只是让他在基层做了一个很小很小的官。那这个小官到底是怎样一种角色呢？首先这个官名叫做宛令。

虽然文种在宛令任上做了很多勤政爱民的好事，但真正属于他展现政治才能的舞台并不宽广。就像只欲展翅高飞的小鸟被囚禁在一只并不大的笼子里一样。在他结识了宛城贤士范蠡之后，又在范蠡的极力劝说下，他们两个一同来到了越国。其实在一开始的时候，文种是希望范蠡能够去楚国的高层谋个位置，然后他自己可以通过范蠡来间接地实现自己的政治抱负。然而目光长远的范蠡并不以为然，他认为，根据楚国当时的政治状况，自己被起用的的可能性是微乎其微的，即使被起用了，也难于施展自己的抱负。要想自己有为于天下，也只有离开楚国。两个人到了越国以后，受到了勾践的热烈欢迎，是以庙堂之礼礼遇之，并且拜为大夫，参议国事。这样的反差实在是太大了，而这样的一个平台，对胸怀大志的文种来讲，绝对是个千载难逢的好机会，他必须要充分利用的，所以他才能在之后的二十多年中干出一番大事业。当范蠡邀文种离开的时候，文种心里肯定在琢磨：当年勾践待我不薄啊，没有他的赏识也就没有我文种的今天！如果我现在一走了之，那岂不是太不仁不义，不忠不孝了，我看我还是留下来吧！可是又有谁会想到，这一留却留出了祸水。这个估计文种一开始是并没有料到的，而当范蠡劝他的时候，他还天真地不相信范蠡的话。

而第二点比第一点更加重要，也就是他以功臣自居，认为自己破吴有功，勾践不会拿他怎么样。当然从某中意义上讲，这也是一种人之常情，付出了总是想要得到一点什么回报的。但从中国历史的发展来看，一般这样有功的人结局往往不会很好。

而这个时候的文种恰恰也就是这种心理，他想：你勾践现在能够安安稳稳的坐着江山，我文种是功不可没啊！当初要不是我文种，你现在还不知道会怎么样呢？我保越有功，破吴就更不用说。你难道还会过河拆桥不成？可偏偏出乎文种意料的是，勾践真的过河拆桥了！那么文种在这二十多年中到底为越国做了什么事情，竟会让他产生这么大的信心，也竟能够产生这样的错觉，认为勾践不会拿他开刀呢？

文种在越国做事前后一共可以划分为三个阶段：兵败后；守国时；治国时。

所谓的兵败后,也就是公元前494年,勾践的部队与吴军在陈交战,结果勾践大败,不得不退守会稽的时候。在这个非常时刻,对于是和是战,是去是留这个问题,文种给出了正确的答案。根据《国语》的记载,上面是这样说的:"大夫种献谋,曰:夫吴之与越惟天所授,王其无庸战。……王不如没戎,约辞其成,以喜其民,以广侈吴王之心。"也就是说文种希望勾践能够在这个时候与吴国议和,从而来换取休养生息的前提条件。在他的意见被勾践采纳以后,他开始为议和之事四处奔波。向夫差献言,给太宰嚭送礼,终于是得到了夫差的同意,从而双方议和成功。纵然夫差开出的条件十分苛刻,要求勾践及其妻子到吴国为奴,但毕竟使越国保存了下来,为后来的灭吴提供了一个重要的前提,并保存了日后越国复兴的火种和力量!

所谓的守国时,也就是勾践和他夫人以及范蠡在吴国为奴的三年之中,文种一个人在越国治理国家的一个时期。应该说这个时期是文种一生当中的黄金时期,他一方面充分团结了国内的臣民共赴国难,团结一心搞建设;另一方面又在当时极其困难的情况下,领导越国人民恢复生产,医治战争带来的创伤,从而使越国的经济得以复苏,人民的生活也安定了下来,并且对以后的复仇大计也起了一定的推动作用。同时他也不能忘了那位在吴国受苦的国王,他通过贡献玉帛、美女等手段来贿赂吴国的太宰嚭,从而让他时不时的在夫差面前说勾践的好话,从而减小勾践在吴被杀的可能性。而且最终还是让夫差放掉了勾践,为越国的复仇计划起到关键的作用。

"伐吴九术"的谜团

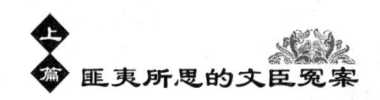

勾践回国之后，到灭吴之前的10年当中，也就是通常所说的"十年生聚，十年教训"。关于这段历史，人们最了解的当然是勾践"卧薪尝胆"的故事，而文种在这十年中又做了哪些呢？在这个十年中，文种拿出了他的杀手锏："伐吴九术"。至于这个"伐吴九术"到底是怎样一个东西？这里要加一点的是：曾经勾践要赐死文种的时候，他有说过这样的话："子有阴谋兵法，倾敌取国，九术之策，今用三已破强吴。其六尚在子所，愿幸以余术，为孤前王于地下谋吴之前人。"这"伐吴九术"怎么会令勾践这么害怕呢？我们来看看史书是怎么描述的。根据《越绝书》和《吴越春秋》的记载，是这样的九种手段：一曰尊天地，事鬼神；二曰重财币，以遗其君，多货赂，以喜其臣；三曰贵籴粟稾，以虚其国；四曰遗之美女，以惑其心，而乱其谋；五曰遗之巧工良材，使起宫室高台，以尽其财，疲其力；六曰遗其谀臣，使之易伐；七曰强其谏臣，使之自杀；八曰君王国富，而备利器；九曰坚利甲兵，以承其弊。这九条我们这么一看下来，估计很多人会产生一个共鸣：文种的确是很有手段的！别说是"九术"，就算是用其中的一术，那也是一把尖刀，直刺对方的胸膛。使一招

就能够让人毙命啊！从这个方面来看，勾践杀文种还是有点迫不得已，无可奈何的！当然这是后话了！而其他的事也就是向勾践献策，比如要求勾践"爱民"，要求他礼贤下士，广罗天下人才为其所用，从而一方面扩大群众基础，另一方面增强自身的实力！

也许就是这样两点主观上的原因，令文种的思想斗争异常激烈，到底是该听范蠡的话走呢，还是坚持自己的观点留下来？而斗争的最终结果还是觉得留下来比较的妥当。

在前面说过，文种不是越国人，而是楚国人，说到楚国，大家一定会想起当年楚庄王问鼎中原的豪迈气势，那个时候的楚国真的是呼风唤雨啊！强大的军事，经济等力量令楚国成为当时一霸，而在文种任宛令的时候，楚国的国力已经大不如前了，偏偏吴国这个时候又给它来个雪上加霜，它不断地向楚国施压，迫使无奈的楚国只能去依附于相对比较强大的秦国。文种在不得志的时候遇到了范蠡，从而才会和他一起去越国。

《史记》中有记载："范蠡字少伯，……本是楚宛三户人，佯狂倜傥负俗。文种为宛令，遣吏谒奉。吏还曰："范蠡本国狂人，生有此病。"种笑曰："吾闻士有贤俊之姿，必有佯狂之讥，内怀独见之明，外有不知之毁，此固非二，三子之所知也。"驾车而往，蠡避之。后知种之必来谒，谓兄嫂曰："今日有客，愿假衣冠。"有顷种至，抵掌而谈，旁人观者耸耳听之矣。"这段话讲的是怎样一个意思呢？当时文种遍访名士的时候打听到有个叫范蠡的人很有才，但派人去拜访回来后却说范蠡是个疯子。文种是明白人，所以才说"吾闻士有贤俊之姿，必有佯狂之讥，内怀独见之明，外有不知之毁，此固非二，三子之所知也。"他认为真正的贤士，有时候是会装疯卖傻的，而正是这样的人，他们的肚子里才会有货，有墨水。所以他就亲自驾车去拜访，可是范蠡就是不见他。然而文种这么三番五次地去搞得范蠡也很不好意思了，所以也就出来见了文种，这不见不要紧，一见两人却聊得十分投机，而最终也是成了莫逆之交。《史记》是正史，纵然太史公有些添加，但毕竟还是比较靠得住的！

那为什么后来两个人会结伴去了越国呢？两个人是不是真的想到一块儿去了呢？其实没有，而真正下决心的倒是范蠡。

虽说文种在楚国并不得志，只是当了一个小小的县长，但他的身份毕竟是朝廷命官了啊！有什么样的不满也不能说出来，只能够往肚子里咽。而范蠡不同，他完全可以随心所欲，只要不违反法律就行。所以当文种提出希望范蠡能够到楚国高层谋个位置，然后再把自己的思想通过范蠡传达到楚国的高层的要求时，立马就让范蠡给否决掉了。他认为依照楚国这样的形势，想要实现自己的政治理想的概率几乎不可能，那还不如离开楚国，找一个可以发挥自己才能的地方，然后为他们做事来得好！文种也是个聪明人，他认真考虑了范蠡说的话，觉得的确很有道理，所以也就答应了范蠡。那么为什么两个人会不约而同的选择越国，而不是其他更加强大的国家呢？这个问题要弄清楚我们需要从春秋后期诸侯争霸的大形势说起！

春秋后期，逐鹿中原的两个强国是晋国和楚国，但两者的实力相当，谁都不能够把谁给搞下去，从而呢就形成了对峙的局面，其实在这样的局势下，天下还是比较太平的。但对于这样的太平状况双方都不甘心也不满足，因为他们都希望自己的国家可以称霸。所以两者都在寻找一些小国作为自己的附庸，而双方的选择似乎也有点鬼使神差，晋国选择的是吴国，而楚国则联合的是越国。这样一来，不但本来相对和平的局面被打破，而且双方的战线也不仅仅只局限于中原地区了，已经扩展到了长江中下游地区。因为吴国的势力范围是在江北，而越国的主要是在江南。而且在实力方面可以说也是更加强大了！但是，中间有一个著名的事件却在一定程度上缓解了双方的矛盾，那就是公元前546年宋国大夫的戌弭会议。在这次会议以后，双方休战了。可是"东方不亮西方亮"，这边双方刚刚休战，而那边的吴国却兴起了新的战争，吴国分别于公元前512年和公元前506年出兵攻击楚国，甚至在第二次的时候还攻陷了楚国的都城郢。这期间高密度的战争使楚军疲于奔命，从而导致了楚国的一蹶不振。吴国如此的横行霸道，作为楚国盟友的越国看不下去了。公元前505年，越王允常趁吴大军在楚国，国内兵力十分空虚之时对吴都姑苏城进行了袭击，这出其不意的一击，吴国必然大败。这么一来，气得直瞪眼的就成了吴王阖闾了，所以只能够班师回朝，可回来之后，这一肚子的怨气实在是没有地方撒啊！所以在公元前496年，阖闾趁老越王允常去世，新王勾践登基之时，出兵越国。他以为越国这个时候肯定会很乱，这时出兵必胜无疑。可是他怎么会想到，勾践这个小后辈聪明得很，战术运用十分地出其不意。结果吴军大败而归，连阖闾自己也把老命给搭了进去。这样一来，吴国和越国的怨恨也就越积越深了，之后的战争也就无法避免的了。

而勾践自己也是十分清楚这一点的，所以就公开招聘天下的有识之士去越国做事，而范蠡和文种也正是顺应了这股潮流去的越国。不过，文种去越国，还有另外的一个因素，当时楚国联和的是越国，而文种在楚国做

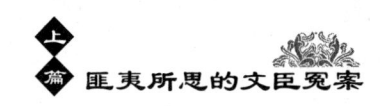

个宛令也实在是更大的作用去帮助楚国，如果文种能够在越国发挥自己的才能，可以使越国有能力将吴国牵制住，这样就使得吴国没有时间，也没有精力再去扰乱楚国，从而可以使楚国保存下来。

　　文种在到了越国之后，受到了勾践的礼遇，还拜为了大夫，能够参议国事。根据《越绝书》的记载："越王常与言尽日。"也就是勾践经常整天和文种讨论国事。然而在勾践退守会稽之前，勾践是不太信任文种的，也不重用他。当然造成这个局面是多方面的原因。而主要的原因有两方面。一方面是由于一些小人在越王的耳边进谗言。《越绝书》中有这样的记载：大夫石买，居国有权，辩口，进曰："炫女不贞，炫士不信，客历诸侯，渡津口，无因自致，殆非真贤……历诸侯无所售，道听之徒，唯大王察之。"他说文种之辈都是些没有什么真本事的人，只会纸上谈兵，并不可信任。其实石买之流是心存嫉妒，自叹不如，才会在勾践面前进谗言，让勾践疏远那些真正有才能的人，而重用自己。而另一个方面，也是主要的方面，就是勾践在胜了阖闾之后，头脑有些发热，不知道这个国王应该怎么当了。《国语》有载："出则禽荒（打猎），入则酒荒（饮酒）；吾百姓之不图，惟舟与车。"当时他还比较年轻，所以小小的，暂时性的一场胜利，就冲昏了头脑。所以勾践在这个时候，是不会认识到重用文种、范蠡这批人的重要性的。直到后来兵败，退守会稽时才幡然醒悟，才知道起用文种和范蠡等能人。

文种请柬有妙计

在范蠡跋涉于赤堇山、若耶村、仙岩村，西柳坪期间，越王勾践又急于伐吴。在勾践看来，他终生最大的事，就是伐吴灭吴。只要这件事大告成功，他就可以高枕无忧，坐享太平。他心急，就在于不愿再过这种卧薪尝胆的苦日月，而想尽快享受荣华富贵；他心急，是不乐意把越国美女送往吴国宫中，而自己却馋涎欲滴，望梅止渴，他希望尽快举兵，自己早一点重温温柔富贵乡的美梦。

勾践看着与他在吴同艰苦共患难而今已人老色衰的妻子，激不起他的一点兴趣，他有心选妃纳嫔，可是正值国难当头，唯恐众臣非议。想来想去，还是先举兵伐吴为妙。

勾践曾数次动议，数次皆被大臣否决。趁相国范蠡外出，他把大夫文种召进宫来，想探探他的口气。文种虽然与范蠡、计倪总是一个鼻孔出气，范蠡不在，计倪不召；就召文种一个，这样一对一，也好对付些，没准儿能说服文种。若能说服文种，再一一说服计倪、范蠡，圣意就能实现了。

勾践把文种召来，先问衣食起居以示关怀。文种以国事为重，从不把

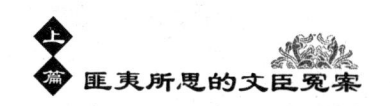

这些鸡毛蒜皮放在心上。勾践此举，一下子让文种猜中了大王今日召见要问何事。他胸有成竹，自然是从容不迫应对。

"文种大夫，你的灭吴九术，寡人一直铭刻于心。"

"铭刻于心，还要一一付诸施实。"

"对。'尊天地事鬼神，以求其福'寡人虔心对天地可表，诚意对鬼神无欺；'重财币以造其君，多货贿以喜其臣'金银财宝，车载斗量，遣送吴王，奇珍异宝，贿赂太宰嚭；'造美女，以惑其心而乱其谋'，天姿国色的西施、郑旦都送给吴王，还搭上一个陈娟暗送伯嚭；'遗之巧工良材，使之起宫室，以尽其财'选取天台山最上等木料送去，杨来金为其帮工一年，姑苏台起来了，几乎让吴宫发生暴乱；在越国，我们铸出了盖世宝剑，寡人以为，伐吴时机已经成熟，可以举兵了。大夫以为如何？"

"大王所列，皆事实也。"

勾践以为文种要同意他举兵伐吴的决策，喜形于色，拈须静听。

"可是，大王所列，仅居四、五项，有的还正在进行，并未完成，何言举兵？"

"所列数项，还有什么没完成？"

"遗美女实现了，然荒其国政，离间大臣，逼死忠臣，都尚未付诸施实嘛；再说，铸剑试制成功，刚刚投入批量生产，跟预定数字还差得远呢；臣诚心奉劝大王，沉住气，不打无准备之仗。"

"那么，现在除正在进行者外，还有什么急须上马呢？"

"臣以为，请籴之事，可提到议事日程。吾王自陈越国鄙微，事乖命蹇，年谷不登，愿向吴王请籴入越。天若弃吴，吴王必许；天不弃吴，吴

必拒之，此事休矣。"

勾践曰："此事非大夫莫属，他人难以担当此重任。"

"臣愿往。"

文种使吴，私下会见太宰嚭。太宰嚭正搂着越女陈娟求欢，门吏来报，越大夫文种求见。宰嚭放下陈娟，重整衣冠，来中常接见文种。

文种苦稀稀谓伯嚭曰："太宰对越鸿恩，越王和诸臣牢记不忘，太宰乃越之再生父母……"

"何足挂齿。吴越友好，吴越共荣，伯嚭义不容辞。大夫此来何事，不妨说来一听。"

"越王归国，兢兢业业，竭尽事吴，未敢稍怠。"

"吴王亦知，常与臣下谈及越王忠心。"

"可是，吴不亡越，天亡越也……"文种痛哭流涕，泣不成声。

"文大夫莫哭，有事只管说，臣一定在吴王面前替越说情。"

文种让随吏将礼品送上，恭敬地说："微薄礼品，不成敬意，还望太宰笑纳。"

"文大夫何必客气。我们已经是老朋友，何必这样。"一边说，一边赶快将礼物收下。

"还望太宰救越国一命！"

"大夫直说。"

"越今年天不作美，北旱南涝，北方未落滴雨，稻田龟裂，身苗皆死，颗粒不收；南方暴雨频仍，江湖泛滥，汪洋一片，何以言收。越国生死交关，万望太宰劝说大王，请籴于越，救越国一命。"言毕，文种叩首于地，

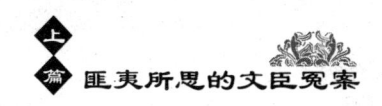

涕泪交流。

"大夫请起，我与大夫一块去见吾王。"

伯嚭前走，文种随后，心中窃喜。

太宰嚭和文种觐见吴王，吴王正搂着西施，嬉戏于后宫。

闻听宫人禀报，越国大夫文种求见，他想到，肯定是越王派上送来什么上好礼物，或者又送来天仙美女。

吴王一边寻思，一边让西施、郑旦帮着整理衣冠。西施、郑旦知道越国来人，多想去见见文种大夫啊！

西施与郑旦想把到吴宫的情况报告给相国和越王，千头万绪又从何说起呢？相国交给的三项使命，第一项进展顺利，没有发生任何故障；第二、三项刚刚在吴主面前下点儿毛毛雨，这只能瞅准机会，等机而动，不可操之过急，做得要自然，不露痕迹，顺理成章，水到渠成；稍有不慎，可使吴王产生疑心，反而不美。如何递信给文种？让翠屏，伺计能行，但如何禀报，颇费思虑；竹简太多，携带不便，露出马脚，反而添累。西施与郑旦焦思良久，想出四个字：一切如常。她二人都认为这四字最妥，不罗嗦，又反映了在吴的实际情况。写好后，悄悄递给一个贴心宫女，叮之再三，伺机递给文大夫，没机会宁肯不递，也别让他人看见。宫女依嘱，伺机而行。

太宰嚭和文种在宫殿叩见吴王。

文种伏地哭泣说："请大王救越国臣民一命！"

"文种大夫平身。"

"谢大王！大王不应，臣难以平身。"

"本王答应，大夫站起来说话。"

文种站起，躬身前往，涕泣言曰："越国不幸，水旱不调，北旱南涝，年谷不登，黎民铠馑，哀鸿遍野，路有饿莩。愿从大王请籴，来岁即复太仓。万望大王以慈悲之心，怜悯之情，救越于垂亡之境！"

吴王见文种痛苦之状，颇为同情，对文种曰："越王一向信诚守道，不怀二心，寡人知之矣。今穷归塑，本王岂肯吝惜财物，夺其所愿，见死不救？"

"谢大王恩典，越国世代不忘大王救命之恩！"

立于一旁的伍子胥，察颜观色，想看出文种请籴背后，是否暗藏杀机。他观察良久，见文种悲泣不止，没有丝毫破绽。但是，他宁可信其有，不可信其无。他要用语言刺探文种的虚实。于是向大王进言道："不可。非吴有越，越必有吴。吉往则凶至，是养虎为患，开门揖盗而破国家者也。与之不为亲，不与未成冤。况且越国有圣臣贤相范蠡，此人勇以善谋，将有修饰攻战，以伺吾国。观越王之使，使来请耀者，非国贫民困而请籴也，以入吾国，伺吾王间也。"伍子胥说完，死死盯着文种，看看文种脸上表情有什么变化，文种稳如泰山，眼睛眨都未眨，神气、面色没有半点变化。

吴王听伍子胥进谏之后曰："寡人卑服越王而有其众，怀其社稷，以愧勾践。勾践气服，为驾车却行马前，诸候莫不闻知。今吾使之归国，奉其宗庙，复其社稷，他岂敢有反或之心乎？"

子胥前往言曰："臣同士穷非难，抑心下人，其后有激人之色。臣闻越王饥饿，民之困厄，可乘机破也。今大王不用天之道，顺地之理，反而输之食，固君之命，此乃狐雉之相戏也。夫狐卑体而雉信之，故狐得其志而雉必死，可不慎哉？"

吴王不信子胥之言，以为是耸人听闻之说，是没有根据的猜测。于是他说："勾践国忧而寡人给之以粟，恩往义来，交谊笃厚，其德怡怡，亦何优乎？"

子胥再谏："臣闻狼子有野心，仇信之人不可亲。夫虎不可喂以食，虺蛇不瓷其意。今大王捐国家之福，以饶无酋之仇，弃忠臣之言而顺敌人之欲。臣必见越之破吴，豸鹿将游于姑苏之台，荆榛草莽将蔓子宫阙。愿大王览武王伐纣之事也，历史将重演于吴越之间。"

伍子胥把话说到这程度，陪文种入见吴王的太宰嚭就不能不开口说话了。他本来不想开口，相信吴王会驳倒伍子胥。现在看来，伍子胥寸步不让，还要陷他于不忠于吴国之地，再想到越国屡次送给他的贵重礼品和在府上苦苦等待的美人陈娟，他这时候无论如何也该挺身而出了。他沉沉气，免得过于激动，有失身分，然后他有板有眼地说："武王非纣王臣也，率诸侯以伐其，虽胜殷，岂为义乎？"

伍子胥见太宰嚭助纣为虐，立即反驳道："武王即成其名矣。"

太宰嚭不服，针锋相对地说："亲戮其主，以此成名，吾不忍也。"

子胥更加辞锋犀利地道："窃国者侯，窃金者诛，令使武王失其理，则周何为三家之表？"

太宰嚭直冲子胥而言曰："子胥为人臣，往谷干君之好，弗君之心，以自称满，君何不知过乎？"

太宰嚭显然在挑拨子胥与大王的关系，伍子胥也寸步不让，而对太宰

嚭道："太宰嚭固欲以求其亲，前纵石室之四，受其宝女之遗，外交敌国，内惑于君。请大王察之，莫为群小佞臣所误。"

太宰嚭见伍子胥不顾外国使者在场，揭他隐私，触到痛处，怎甘示弱，说道："子胥近于血口喷人。吾闻邻国有急，千里驰救，此乃王者封亡国之后，王霸辅绝灭之末者也。"

吴王顺宰嚭之言，与越万石粟，并对文种说："刚才的分歧，你都听到了。寡人逆群臣之议而输于越，待越半年定归寡人；否则，群臣怨声满宫，寡人无言以对矣。"

大夫文种赶忙叩道谢恩，伏地而言曰："臣奉使还越，岁登诚还吴贷以报大王救命之恩。臣决不食言，天地共鉴！"

文种大喜而归，离开吴宫之前，侧室飞出一竹简。文种佯装拾履捡起，乐融融归越而去。

夫差在大堂上，被伍子胥抢白得满腹忿懑地回到后宫，西施、郑旦笑盈盈地接驾。见大王郁郁不乐，忙问何事让大王生气？

"还不是那个矮怪物，要不是看在先王的面上，我早让他上西天了。"夫差把伍子胥称矮怪物，是因为子胥既矮且瘦。用太宰嚭的话说，用心计太多了，长不起肉来。

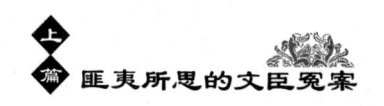

勾践为什么要杀掉文种

"狡兔死、走狗烹；飞鸟尽、良弓藏"的历史悲剧在不断地上演。一开始，文种的治国理想是见缝插针，争取短暂的和平建设之期。因为他深知，战争是要靠殷实的"家底"来支撑的。当他的战略见解与越王发生分歧时，文种以"为国吊丧"、"寡妇三哭"的极端手法劝谏，不仅招致越王的震怒，更令主战的将领们强烈反感，力主杀他以稳定军心。文种再次被下大狱，这位忠耿的大夫竟以绝食之法而迫使勾践见他。此时，越军战败，他不顾个人性命及形势险恶，自请为说客，又深陷囹圄！越王入吴为奴后，文种受勾践重托，以相国身份守国。文种一面与民生息、疗补战争创痕；一面积极游说吴臣，力救身囚吴地的越王，殚精竭虑，鞠躬尽瘁。勾践归国后，文种谋划出惊世的"灭吴七术"献与朝廷。越国一举灭吴后，文种不听范蠡的劝告，仍滞留在越国为相。在"要和平"还是"要称霸"的战略方针上，一伺主张养民的文种与勾践再次发生了强烈的冲突！当勾践以夫差赐死伍子胥的同样方法赐文种死时，文种仍"执迷不悟"。他只怨勾践无情无义，却不知自己的心境与见识已与越王相去甚远。在某种程度上说，文种之死无可避免！是"王者之道"与人本性不可共存的必

然结果。

勾践继位之前，是越国的太子，而王父允常已老，国家的权力控制在少数几名大臣手中。石买等人利用允常的错误，发动了宫廷之变。勾践挫败了石买之阴谋，得以继位为王。

闻允常已死的吴国大军开始趁机伐越。面对强大的吴军，勾践以"死士自刎"之计，大败吴军。

外患暂除，勾践始行富国强兵之道。在文种、范蠡等大臣的鼎力相助下，越国国力刚刚有所增强，却得知吴王夫差发誓要为其祖复仇！为先发制人，勾践发兵攻打吴国，在夫椒之地被吴军所败。夫差趁机发动了灭越之战。勾践想方设法，更以请求入吴为奴的自我牺牲之法，化解了吴王刻骨之恨，同意让越国成为吴的臣服之国。伍子胥多次设计，要杀掉已在姑苏为奴养马的勾践。勾践在高度危险与艰难的生存困境中，以不可思议的内心力量，突破了人类所不可逾越的生命极限，终于逃出死亡之地。

勾践回归后，越国已是破落小国。他内心里早已熄灭的复仇之火又隐隐而燃。他无法忘记当初立下的"中兴越国"的宏愿！文种献上"九术"，被勾践统统采纳，他开始实现一个看似根本不可能实现的目标——强越灭吴！

为了实现这个目标，勾践开始"卧薪尝胆"！他一面与监越使斗智周旋、瞒天过海，一面开始让子民繁衍生息，实施一系列的奖生吊死、免税养民之策。"十年生聚"，越国的人口竟翻了两番。

面对吴国，勾践按既定的"九术"之策，运筹帷幄，以"美人"、"耗吴国力"、"离间"等一系列奇谋大计，不仅迷惑了夫差，更使夫差与

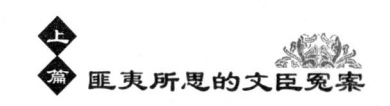

伍子胥反目成仇。当夫差率兵北上争霸时，勾践挥师攻入吴国王城，灭掉吴师，逼羞愧难当的夫差自尽。

自公元前490年勾践为奴后归越，至公元前473年越灭吴，勾践只用了短短的17年时间。他创造了韬光养晦、人才强国的历史典范。他忍辱负重、自强不息的"卧薪尝胆"精神，更是千古传诵！然而，具有至阴至柔、至阳至刚双重性格的勾践也有其历史局限，灭吴后，曾为越国立下汗马功劳的范蠡离他而去，耿直而一心为国操劳的名臣文种也被他赐死。"狡兔死、走狗烹；飞鸟尽、良弓藏"的历史悲剧再一次在他身上重演。更为可悲的是，他几乎重蹈了对手夫差的老路，为北进中原，他放弃了让他得以浴火重生的故乡越地，伐木为桴，浮海而迁都今山东琅邪，6年后，他病死于北方。

文种是春秋末期著名的谋略家，越王勾践的谋臣，和范蠡一起为勾践最终打败吴王夫差立下赫赫功劳。

灭吴后，范蠡逃跑，并留下信给文种，劝他逃跑。文种看了之后，称病不朝。于是有人进谗言说文种要造反作乱，勾践听信谗言，赐给文种一把名为属镂的剑，说："你当初给我出了九条对付吴国的策略，我只用三条便打败了吴国，剩下六条在你那里，你用这六条去地下试试能否帮助吴王夫差吧！"于是文种自杀。

杀功臣的事实历朝历代都不能避免的，其实君王怕的不只是臣子谋反，更怕臣子有谋反的能力。一切措施都是为了巩固自己的地位。是在为这些屈死的臣子惋惜，伴君如伴虎啊。

战国宰相商鞅：变法难行车裂死

商鞅变法太过刻薄寡恩，设连坐之法，制定严厉的法律，增加肉刑、大辟，有凿顶、抽肋、镬烹之刑。尤其是军功爵制度，造成秦国贵族多怨。这也是他最终被处死的原因。他为什么要变法呢？这一直是个历史之谜！

商鞅为什么变法

秦在春秋时期，社会经济的发展落后于关东各大国。土地私有制产生的赋税改革，也迟于关东各国很多。如鲁国"初税亩"是在公元前594年，秦国的"初租禾"是在公元前408年，整整地落后186年。可是这时，秦国已使用铁制农具，社会经济发展较快，这不仅加速了井田制的瓦解和土地私有制的产生过程，而且还引起了社会秩序的变动。

公元前361年，秦献公死，秦孝公即位，下决心恢复春秋时代秦穆公的霸业。他采取的一项重要措施，广揽人才，下令求贤。原为卫国贵族子弟的卫鞅，闻讯便从魏国来到秦国。入秦后，为了说服秦孝公变法，商鞅以"治世不一道，便国不法古"的观点驳斥了旧贵族，并得到秦孝公的赞同，被任命为左庶长，掌握军政大权，开始了一系列重大的改革。

春秋战国时期是奴隶制崩溃、封建制确立的大变革时期，在这一时期时期，铁制农具的使用和牛耕的逐步推广，导致奴隶主的土地国有制，逐步被封建土地私有制所代替。随着封建经济的发展，新兴地主阶级的经济和政治势力越来越大。新兴地主阶级纷纷要求在政治上进行改革，发展封建经济，建立地主阶级统治。各国纷纷掀起变法运动，如魏国的李悝变法、吴国的吴起变法等。商鞅变法也是在这种背景下发生的。

商鞅从公元前356年至前350年，大规模地推行过两次变法。第一次是在周显王十三年实行的。主要内容是：编定户籍，实行"连坐"法；废除世卿世禄制，实行军功爵；奖励军功，禁止私斗；奖励耕织。

在第一次变法取得初步成效的基础上，周显王十九年（公元前350年），秦迁都咸阳，卫鞅实行第二次变法。这是前次变法的继续，着重于新制度的建设，其政策有：1、推行县制。全国统一规划，合并乡邑为县，共设立31县，县设令、丞，由国君直接任免。2、废井田，开阡陌。废除"井田制"，鼓励开辟荒地，承认土地私有，允许买卖土地，按照土地多寡征收赋税。3、统一度量衡，即"平斗桶、权衡、丈尺"，方便交换与税收。4、焚诗书、禁游说。5、制定秦律。

商鞅变法是分两次进行的。第一次开始于公元前356年，第二次开始

于公元前 350 年。

商鞅变法的法令已经准备就绪，但没有公布。他担心百姓不相信自己，就在国都集市的南门外竖起一根三尺高的木头，告示：有谁能把这根木条搬到集市北门，就给他十金。百姓们感到奇怪，没有人敢来搬动。商鞅又出示布告说："有能搬动的给他五十金。"有个人壮着胆子把木头搬到了集市北门，商鞅立刻命令给他 50 金，以表明他说到做到。接着商鞅下令变法，新法很快在全国推行。

毛泽东早年在评论"徙木立信"这段故事时指出："商鞅之法，良法也。其法惩奸以保人民之权利，务耕织以增进国民之富力，尚军功以树国威，孥贫怠以绝消耗。此诚我国从来未有之大政策。民何惮而不信？乃必徙木以立信者，吾于是知执政者之具费苦心也"。

由于独尊儒术的缘故，历史上对于使用暴力手段进行快速改革的商鞅的评价并不是很好。司马迁在《史记·商君列传》中，太史公曰：商君，其天资刻薄人也。迹其欲干孝公以帝王术，挟持浮说，非其质矣。且所因由嬖臣，及得用，刑公子虔，欺魏将昂，不师赵良之言，亦足发明商君之少恩矣。余尝读商君开塞耕战书，与其人行事相类。卒受恶名於秦，有以也夫！后人又说：卫鞅入秦，景监是因。王道不用，霸术见亲。政必改革，礼岂因循。既欺魏将，亦怨秦人。如何作法，逆旅不宾！但是也有人肯定商鞅，比如王安石：自古驱民在信诚，一言为重百金轻。今人未可非商鞅，商鞅能令政必行。这是在肯定商鞅的治国方略。而《资治通鉴》中说：夫信者，人君之大宝也。国保于民，民保于信。非信无以使民，非民无以守国。是故古之王者不欺四海，霸者不欺四邻，善为国者不欺其民，善为家者不欺其亲。不善者反之：欺其邻国，欺其百姓，甚者欺其兄弟，欺其父子。上不信下，下不信上，上下离心，以至于败。所利不能药其所伤，所获不能补其所亡，岂不哀哉！昔齐桓公不背曹沫之盟，晋文公不贪伐原之利，魏文侯不弃虞人之期，秦孝公不废徙木之赏。此四君者，道非粹白，而商君尤称刻薄，又处战攻之世，天下趋于诈力，犹且不敢忘信以畜其民，况为四海治平之政者哉！虽说商鞅刻薄，但也说明商鞅之诚信品质。在现代，尽管有少数不同声音，但大多数人承认商鞅是一个敢于触动旧势力、敢于改革的英雄。

商鞅的变法以统一度量衡、废除井田制、推行重农抑商、实行法制、奖励军功、建立郡县制等为主要内容，还制定了许多优惠激励措施，如减轻农业税，增产粟帛的农民可以免除徭役，有余粮上交者可以得到官爵，提高粮食的价格，官不得违法而害农，等等。与此同时，对其他可能影响农业生产的，社会活动则给予抑制，如禁止商人经营粮食买卖，提高酒肉的征税以使其价格上升从而限制经营商牟取厚利，加重商人的赋税负担，商人及其奴隶都要服徭役，至于奢侈品的生产和销售，更是遭到严令封杀。

商鞅变法以法律形式废除奴隶制的土地制度，开阡陌，肯定了封建土地所有制的合法性；打破了奴隶主世袭贵族的特权，确定了封建等级制度，发展和壮大了地主阶级政治势力；中央集权的实行，巩固了地主阶级对劳动人民的统治；发展了封建经济，壮大了地主阶级经济力量；方便了税收和交换。

在秦孝公的支持下，加强思想统治，新法得到推行。在土地所有制方

面，基本废除以井田制为基础的封建领主所有制，确立以私有制为基础的地主土地所有制；在政治方面，基本废除了分封制，确立了郡县制。秦国从一个落后国家，一跃而为"兵革大强，诸侯畏惧"的强国，出现了"家给人足，民勇于公战，怯于私斗，乡邑大治"的局面。

商鞅虽死，秦惠王和他的子孙都继续实行商鞅的新法，所以秦的国势继续发展，为后来秦灭六国，统一中国奠定了基础。历史上任何一次变法维新，都不仅是一种治国方略的重新选择，而且是一种利益关系的重新调整，这也便是改革会遭到阻力的真正原因。由于商鞅废除井田、奖励耕战等改革措施触犯了贵族阶层对土地和官职所一项具有的垄断特权，因而便遭到了以太子为首的既得利益集团的强烈反对。但是商鞅并没有被这些有权有势的人所吓倒，他认为法律的制定，并不只是用来制裁老百姓的，自古"法之不行，自上犯之"，因而主张首先惩办那两位唆使太子违抗新法的老师。

结果，公孙贾的脸上被刻上了墨字，公子虔则因屡教不改而被割掉了鼻子。商鞅此举确实起到了"杀鸡给猴看"的作用。人们看到，就连太子的老师都逃脱不了法律的制裁，于是再也不敢抱有任何侥幸的心理了。经过商鞅的这番努力，新法"行之十年，秦民大悦。道不拾遗，山无盗贼，家给人足。民勇于公战，怯于私斗，乡邑大治"。

但是，任何社会实践都是要付出代价的，变法维新更是如此。秦孝公的死，使商鞅失去了权力基础，即位的太子在保守派的支持下卷土重来，对商鞅施行了疯狂的报复。他们不仅以诬告、陷害的方式迫使商鞅谋反，而且以最残酷的暴行，将他五马分尸了。

商鞅虽然惨遭不幸，但他所开创的变法大业却因顺应了历史潮流而成不可逆转之势，并最终对秦朝的统一产生了深远的影响。当然，从今天的角度来看商鞅"内行刀锯，外用甲兵"，迷信暴力而轻视教化等思想，也有其明显的历史局限。他用简单粗暴的政治手段来处理意识形态方面的问题，焚烧《诗》、《书》，实行愚民政策和文化专制主义，甚至推行连坐法而刑及无辜等等，都曾产生多一定程度的负面影响。也正是由于这一影响，致使他死于贵族的报复而"秦人不怜"。

商鞅被车裂之谜

提起商鞅，稍具历史知识的人都知道他。但却很少有人会知道商不过是他的封号而不是姓，商鞅本姓公孙，也是姬姓后人，商鞅是卫之庶公子，按现在的话说，就是个不可能从家族中讨得多少好处的豪门弃子，大多此类人物在古代只要不过分败德，保一生荣华是没有任何问题的，当然如果没有过人的才情和好的伯乐，想功成名就也是相当困难的。

商鞅是不屑平淡一生的，所以他选择了一条比较艰难却能声名显赫于当世、功绩足以留史册的仕途。醉心于刑名的公孙鞅，游历诸侯寻求着发展空间，辗转来到了魏国，时魏惠王治下的魏国完全具备争雄天下的实力，于是公孙鞅就在强大的魏国安定了下来，准备有朝一日能在这里大展宏图，不幸的是魏惠王底下能人辈出，年纪轻轻的公孙鞅没有立足之地。魏相公叔座以公孙鞅之能若为他用，将祸及魏国社稷为由，极力向魏惠王引荐极擅刑名之术的公孙鞅，未果，魏相因惜才洞悉魏惠王无意重用公孙鞅，劝鞅疾去，公孙鞅不为所动，答复座曰：魏王不听君言任吾用，安能听君言杀我，遂不去。及座病甚故去，又问得秦孝公欲得天下谋事于秦共谋国策，乃西入秦。

入秦后的公孙鞅如平阳的猛虎走进了山林，开始展现出他嗜血的一面。经各方打理后，很快公孙鞅找到了孝公之宠臣景监，由景监引荐终得见其英主孝公，在三番进言未果后，改变策略，用急功近利的王霸之术打动了急需迅速提升国力的孝公，孝公终任其政。公孙鞅受重用后立马提议要改革古制，以新法治国，在新法出台之前，受到了秦国重臣的一致反对，他凭借着三寸不烂之舌，使得秦孝公最终力排众议下决心变法。变法伊始，甚不得力，为了能尽快展开变法大业，商鞅想了个妙绝的办法，用实惠让秦国百姓知道了国家要变法的决心。经此利诱，百姓信服。变法阻力没有了，于是，公孙鞅大行其道，将他的刑名之术搬到了陈旧的秦国。忌惮于公孙鞅的残酷刑法，民众不敢懒惰，更不敢偷盗，耻于私斗，勇于公斗。经十余载持之以恒的变法，秦国终于壮大起来了。

秦孝公欣慰于公孙鞅变法带来的实质益处，正式给了公孙鞅以相职。并封给他富庶之地——商。从此人称商鞅。商鞅凭自己的才能做到国相的位置，不得不令人刮目相看。如果说商鞅能在秦相位置上善终，那无疑是成功的，也值得后世敬仰并推崇的，但商鞅的缺陷早就注定他的命运了，商鞅留给我们的历史形象是刻薄少恩和贪婪无度的。

商鞅的刻薄少恩在其变法的过程中暴露无疑，法不容情在法制社会的今天看来是很在理的，但在以权治国的古代社会无疑是过分的。不论因何触法，知道你触犯了他订下的法规，你就得受罚，没有任何理由，一时间多少人因此饱受皮肉之苦，多少人因此满怀怨恨而终，多少人因此亡命天涯。最触痛当局的无疑是对他们的权利威胁，太子不留神犯法，商鞅竟刑其大夫，黥其师。诚然此举能令人信服，但何尝不是在给自己结下深仇，

在一切为己的社会里，无疑商鞅是不懂得变通的人。商鞅最令人不齿的行为应当是诈败魏国。虽说战场上为得胜利不择手段是常事，但商鞅以饮酒求和为名，引得魏将公子昂前来并于席间袭杀之，实无最基本的道德。可以说是道德沦丧。

再说他贪婪无度，在成秦相后，商鞅有些飘飘然，大谈自己对秦国的贡献。四处招摇，一度有不备齐应有的排场不出行的情况出现。由此引发了隐者赵良对其晓之厉害。然而，处于权力顶峰的商鞅非但不认可赵良的规劝，反而变本加厉起来，拿自己和辅助秦穆公称霸诸侯的五羖大夫并论，并得出己成就已经超越了五羖大夫的结论。赵良不堪商鞅的自我吹嘘，以实例说明，商鞅之贡献比之五羖大夫来实不值得一提。且进一步指出商鞅变法急功近利，与百姓无恩，与卿相无德，如再贪恋名位荣华，必将身败名裂。由此认定商鞅只有及时抽身离开秦国，才能保得后世太平，但商鞅终不信赵良之言。

及孝公死后，果如赵良言，太子登位后，商鞅立马就被受过他刑罚的太子傅太子师报复。秦惠王以谋逆罪捉拿他，商鞅出奔，夜欲就民舍，被民舍以不验证正身不能留宿为由拒绝，后又逃之魏地，因痛恨其昔年诈败公子昂而不肯入之，最终走返秦地、被捉后遭车裂。商鞅不能善终虽不全因其刻薄少恩贪恋名位之失，但这是主要原因必会得到大多数人的认同。假使他定的法制能稍容人情，当不至于众叛亲离，被宵小一两句谗言所害。假使他能用光明正大的手法攻城略地，何致魏人如此恨他入骨。假使他能稍恋权位早早还政与王，也不至于触动那么多权贵的神经。

商鞅年轻时好刑名之学，在魏相公叔座门下任中庶子。公叔座临终前将其推荐给魏惠王，惠王不能用。商鞅闻秦孝公下令求贤，发愤图强，乃离魏去秦，以变法强国之术说孝公，孝公大喜。但甘龙、杜挚等大臣对变法并不赞成，他们制造舆论，以为"智者不变法而治"，"法古无过，循礼无邪"，孝公不为所动，仍以商鞅为左庶长，下令变法。

商鞅相秦期间，商鞅因执法较严引起秦贵族的怨恨。孝公卒后，太子惠王立。公子虔之徒为报夙怨，告商鞅有谋反企图，派官吏逮捕他。商鞅打算逃入魏国，魏人因公子昂曾中其计而丧师，故拒不接纳。商鞅不得已而归秦，乃与其徒属发邑兵攻郑（今陕西省华县），兵败被俘。惠王车裂商鞅，并灭其族。

商鞅为适应社会政治经济变革的要求，从其"治世不一道，便国不法古"的论点出发，强调教育改革，认为治理国家的根本是重农战，要富国强兵就必须进行法制宣传，培养法治人才。商鞅抨击了提倡以诗、书、礼、乐为教育内容的儒家思想，主张"燔诗书而明法令"，要用鼓励耕战为内容的法治教育代替"先王之教"；认为法治是德治的基础，法令必须"明白易知"；应以法官为师，给民众解释法令，使"万民皆知所辟就"，把教育作为宣传法制和培养法治人才的工具。商鞅著有《商君书》传世。

由于商鞅变法侵犯了秦旧贵族势力的利益，因而遭到他们的强烈反对。太子傅公子虔和太子师公孙贾还教唆太子驷公开出来反对。公元前338年，秦孝公死，太子驷继位，是为秦惠王。公子虔等乘机发动反攻，诬陷商鞅以"谋反"的罪名，将他逮捕并车裂致死。

商鞅为何非死不可

商鞅不是法治理论的首倡者，却是法治实践的表率。他在秦行法，逢到太子犯法，也曾困惑过，却在向人情让步的同时，还是力求护法。倘若注意一下，他归罪于太子教唆犯的公子虔，是秦孝公的庶兄，便可知对此人施以黥刑，在秦国特权贵族中引发的恐惧。

商鞅变法成功的诀窍，如清末章太炎哀悼戊戌变法失败所著《商鞅》一文所论证的，商鞅已意识到法是制度的总称，变法就是变革传统政治体制，因而法立就不容动摇退缩，"虽乘舆亦不得违法而任喜怒"。在这里，应说秦孝公值得称道。因为他任用商鞅变法以后，在秦史上便似乎销声匿迹，令人感到商鞅已成僭主，视国君如傀儡。只有当他英年早逝，秦国政局陡变，权势显赫的国相商君竟然弃职潜逃，人们才得知这位秦孝公是商鞅变法的权力推手，没有孝公就没有商君。

所以，商鞅变法，首重取信于民，体现秦孝公赋予商鞅信任为先决条件。中国史家常常悲叹"人亡政息"，从商鞅在秦孝公死后，立即由叱咤风云的权相，化作自己炮制的法律的最大牺牲品，或对这个体制的可"信"度，有深度的了解。

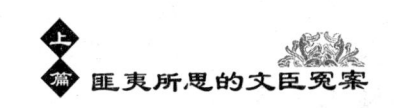

商鞅死了，商鞅在秦国两度变法的效应仍在发酵。这就引出另一个问题，商鞅为何非死不可？

没有了秦孝公的权力支持，固然使商鞅顿失怙恃，但商鞅不是已将秦国变成一个大兵营了吗？秦孝公当然是统帅，但商鞅是久已实权在握的总参谋长。孝公死，太子立，统帅易人，意味着统帅的侍从大换班，但正式相秦已逾十年的商鞅，权势怎会顷刻瓦解？唯一解释，只能是商鞅没有掌握实权。他将秦国军事化，自上而下灌输"以力兼人"的理念，所实行的一切变革，都以树立君主权威为目的。秦孝公很乐意享受君主权威节节高的尊荣，因而商鞅的实权，既以君权绝对化为资源，说穿了便是狐假虎威。一旦虎威易主，新狐代替旧狐，商鞅不落荒而逃才是怪事。

前引赵良痛说商鞅投机史，说他巴结宦官起家，相秦后又"不以百姓为事"，极力讨好秦王，与秦国贵公子为敌，"是积怨畜祸也"。所谓"恃德者昌，恃力者亡"，"秦王一旦捐宾客而不立朝"，你商君还不立即被"收"？那时秦孝公才年逾不惑，商鞅有理由不信赵良的警告。

岂知商鞅才获封商洛十五邑，"南面而称寡人"，未及两年，秦孝公便死了，他立即成为公子虔团伙的缉捕对象。

在商鞅被五马分尸以后七十二年，荀况自秦返赵，与赵孝成王及临武君"议兵"，陈述在秦观感，便说出了对秦昭王及其相范雎没有直说的话，以为秦国不足畏，理由呢？据荀况说，秦国由孝公到昭王四世，君臣唯知"以力兼人"，受害的首先是秦国士民，普遍畏惧权威，尽管人人都有"离心"，却听从当局驱使，充当对外攻城掠地的工具，"是故得地而权弥轻，兼人而兵愈弱。"

因而荀况便说出那段千古传诵并引发不绝争议的名言：故曰以德兼人者王，以力兼人者弱，以富兼人者贫，古今一也。

很难用几句话来描述商鞅的为人。

他原是魏国公族的贱支子孙，跑到魏国充当贵族家臣，得知魏王无意用他，又投奔秦国靠与阉宦拉关系而叩开宫门，这在当时已属"小人"行为。然而获得秦孝公任用，他要求法令必行，强调"以刑止刑"，却以制造恐怖作为"止刑"代价，"步过六尺者有罪，弃灰于道者被刑，一日临渭而论囚七百余人，渭水尽赤，号哭之声动于天地"，甚至民众改变态度称赞法令，也被他斥作"乱化之民"，一概流放边城。他的确打击了心怀怨望的宗室贵戚，但显示法无例外的同时，也如前述是对带头犯法的太子曲为庇护。

按说执法应该无所畏惧。但论者往往忽视司马迁复述的一个情节，即赵良对商鞅说的："君之出也，后车十数，从车载甲，多力而骈胁者为骖乘，持矛而操闟戟者旁车而趋。此一物不具，君固不出。"没有重兵保护，便不敢出门，可见商鞅对自己打造的铁幕也缺乏信任，如赵良所说"危若朝露"。

因而商鞅在秦行法的主客观矛盾，便成为后人争议的历史问题。司马迁肯定商鞅变法导致秦人富强，却否认商鞅为人，说他"少恩"，"其天资刻薄人也"。

那以后，关于商鞅的争论一度变得很激烈。例如在汉昭帝始元六年著名的盐铁会议上。由于武帝晚年实行的盐铁酒类专卖政策，将国民生产和消费的主要资源归政府垄断经营，导致农工商业都发生危机，人心浮动，政权不稳，被汉武帝临终时指定为首席执政的大将军霍光，被迫召集郡国贤良文学与朝廷主管理财的桑弘羊等权贵对话，结果变成对商鞅变法以来，秦、汉中央集权体制的历史清算。来自民间的郡国文学从指控盐铁专卖危害国计民生，到谴责商鞅是祸首，而代表官商结合体制的桑大夫，则全盘肯定商鞅变法导致国富民强，"功如丘山"。于是商鞅的变法效应和个人品格，变成是一非二的问题，由此出现的"评价"二元对立，主要体现帝国政权与郡国的利益纠葛。用所谓儒法斗争作为判断这二元对立的是非基准，是反历史的。

历史提供的续例，便是击败霍光家族的汉宣帝，说是"汉家自有制度，本以霸王道杂之"，但在意识形态上仍利用而非否定儒学。他亲手培养的一名汉家新"儒宗"刘向，便回到司马迁，宣称商鞅虽私德有亏而公德可嘉，甚至称道商鞅自任秦相，便"极身无二虑，尽公不顾私"，所以秦孝公得成战国霸君，秦历六世得以兼并诸侯，"亦皆商君之谋也"。

尔后很长时间，商鞅又成治国图强的一个楷模。三国蜀汉诸葛亮，便教训后主刘禅，要他读《商君书》。

商鞅的法术和人品再度受非议，是在北宋王安石称道商鞅变法而"百代遵其制"之后。但非商鞅的司马光，也曾对商鞅信赏必罚作了很高赞扬，而苏轼否定商鞅的权术，也并非为了"尊儒反法"，相反倒是影射王安石的"尊孟"口是心非。古怪的是，时至南宋，朱熹、陆九渊两派，都自命"孔孟之道"的原教旨主义者，但都很少提及商鞅其人其法。回避也是一种态度。我曾指出，从程颐到朱熹一派道学家，在政治上都反对王安石变法，在经学上却属于王安石新学的"遗嘱执行人"。由他们回避对商

鞅历史是非表态，似可为这种说法做出注解了。

当然，关于商鞅的争议必将延续。百年前发生戊戌变法，康有为谭嗣同等痛斥商鞅，表明这回变法并非追求君主专制，却引发章炳麟力求复原商鞅历史实相的谏诤。如今时过境迁，再来讨论商鞅变法和他的为人，理当走出忽褒忽贬的传统循环怪圈。倘能坚持从历史本身说明商鞅的历史实相，也许更有利于这段变法史的认知。

商鞅迁都的多重谋虑

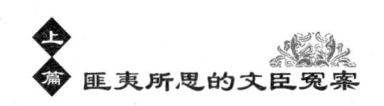

秦孝公十五年，当公元前347年，公孙鞅在秦执政7年了，"于是（孝公）以鞅为大良造。将兵围安邑，降之。"

然而他却迅速撤军，表明他这回出击魏国，眼光主要在内不在外。从军事上击败强邻，除了展现秦国通过变法已由弱转为强之外，更可以鼓舞秦国民众士气，慑服人心，为下一步变法措施减少阻力。在破魏以后，他又出"奇计"，就是迁都。

秦人"始国"，被周平王封为诸侯，时当公元前770年。那时秦国已从游牧生活转向定居农耕生活，于公元前8世纪末，在现在的陕西宝鸡东南的平阳，筑起都城，不过三十年，便迁都于雍，故址在今陕西凤翔东南。又过了近三百年，秦献公二年（前三八三），才将国都迁到今陕西富平东南方的栎阳。不想这座都城筑成仅三十多年，秦孝公十二年，商鞅又在渭水北岸的咸阳构筑新都。

迁都在任何时代都是大事，因为意味着一国的政权、神权连同军政财政中心大迁移，单是新筑高城深池、宫殿府库、道路邸宅之类工程，所耗的人力、物力、财力都很巨大。秦国居雍已历十八君三百年，土木朽坏，

水源积污。秦献公弃此旧都,东迁栎阳,也便于向东扩展,合乎情理。但移都栎阳不及二世,商鞅就得到秦孝公首肯,在咸阳另筑新都,出于怎样的需要?

《商君列传》记载,商鞅攻破魏都安邑而撤军返秦之后,说:居三年,作为筑冀阙宫庭于咸阳,秦自雍徙都之。而令民父子兄弟同室内息者为禁。而集小乡邑聚为县,置令、丞,凡三十一县。为田开阡陌封疆,而赋税平。平斗桶权衡丈尺。行之四年,公子虔复犯约,劓之。居五年,秦人富强,天子致胙于孝公,诸侯毕贺。

这里所述,与《秦本纪》有出入。后者仅说徙都咸阳,没说自雍徙之,又谓置大县四十一,却漏记禁民父子兄弟同居一室,唯纪年较详。综合看来,可知商鞅迁都,主要出于多重的政治考量。

秦孝公不是渴望及身"显名天下"吗?"都者国君所居"。商鞅无疑要满足主公心愿,首先在新都起造宏伟的宫殿。宫外迎面便是巍峨相对的两座楼观,中间大道两旁有君主教令,所谓冀阙,又称象魏或魏阙,宫内又是格式齐整的堂寝正室。君主居此,岂能不威名远扬!

李悝《法经》不是告诫需要改变旧染污俗吗?秦人与西戎杂居,显然还保留着游牧生活那种全家男女老幼共居帐幕的积习,定居后父母兄弟妯娌同室寝处,难免出现聚麀乱伦。既迁都而建新居,商鞅下令禁止一家各对夫妇"同室内息",应该说促进文明教化用不着再说废"封建"而立郡县的历史意义。商鞅将小乡邑合并为大县,由国家直接派官吏治理,等于取消了宗室贵族对采邑的等级统治特权。因而以往贵族领地的边界"草莱",就变成官府控制的空荒地,允许农民开垦,纳粮服役都交付国家,

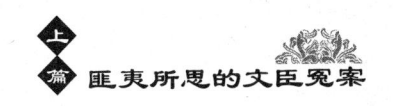

不仅使赋税有章可循，也减少了领主的中间盘剥。

还有统一度量衡，同样使农民工匠感到负担平均，减少因赋税不均而引发的社会冲突。传世文物有商鞅量，又名商鞅方升，上刻秦孝公十八年铭文，证明它是商鞅迁都咸阳后铸造的标准容器。量上还刻有秦始皇二十六年即秦帝国建立第一年的诏书，足证秦始皇统一度量衡，遵循的是一百二十余年前商鞅创设的制度。

所以，历史效应表明，商鞅迁都是有深谋远虑的。他首先满足了秦孝公对生前赢得霸主权威的欲望，当然意在借权变法。他接着借迁都，迫使秦国宗室贵族脱离权力基地，乘后者在新都立足未稳之际，取缔他们"有土子民"的传统特权，当然还保证他们只要拥护新体制，仍可衣租食税。他同时企图借迁都使庶民营造新家的机会，分室而居，改变底层社会的戎俗。他所谓"开阡陌封疆"，固然使垦田和赋税的数字增加，但国富民穷的现象非常严重。

《商君列传》说商鞅迁都咸阳以后，"公子虔复犯约，劓之"吗？劓刑，即割掉鼻子，相传为虞舜想改却改不掉的五刑之一，在肉刑中算是较轻的。不过没了鼻子，谁看见便知此人是罪犯。公子虔既是秦国宗室，又做过秦太子傅，即训导官，在前已代太子受黥刑，脸上刺了字，这时又触犯商鞅某种约束，失去了鼻子，更见不得人，时间大概在秦孝公十六年。

这表明，商鞅尽管将秦国贵族迁到咸阳，但彼辈身在魏阙，心在故都，作为老权贵的领袖，公子虔再度以身试法，递送的反面信息，不消说是他们的群体仍在抵制这个外来人在本国搞乱的新秩序。

商鞅不知他面对的秦国宗室贵族抵制变法么？不然。《商君列传说

到"商君相秦十年,宗室贵戚多怨望者"之后,就追述赵良见商君的对话。

这个赵良,显然也是异国入秦的游士,却对商鞅被封商君在秦国旧都初变法,迁都再变法的过程颇为熟悉。他指出,商鞅在秦得意,只依赖秦孝公以独断权力支撑,却在相秦以来,"不以百姓为事",又不断得罪秦国的贵公子,其实危若朝露,因此如不急流涌退,"秦王一旦捐宾客而不立朝","亡可翘足而待"。

且不说赵良是否尊儒反法,只看他预言的商鞅命运,仅过一年,便不幸言中。

公元前337年,秦孝公死了,太子立。公子虔之徒告商君欲反,发吏捕商君。商君亡至关下,欲舍客舍。客舍人不知其是商君也,曰:"商君之法,舍人无验者坐之。"商君喟然叹曰:"嗟乎!为法之敝一至此哉。"

自那以后,商君在魏秦间逃亡,找不到归宿,于是跑回商邑,发兵准备北赴郑国,却被秦兵越境杀死。"秦惠王车裂商君以徇,曰:'莫如商君反者!'遂灭商君之家。"

假如司马迁所记商鞅的末路属实,那么只能说这是正言若反。第一,证明商鞅法令已贯彻到秦国边境,因而旅舍主人见商鞅拿不出通行证,便拒绝他投宿。第二,证明商鞅到自己的封邑发兵,无非藉以保护自己流亡郑国,而秦惠王派兵越境追杀,恰好反证商鞅没有反秦。第三,证明秦军杀害商鞅之后才将他五马分尸的,因而作为"公子虔之徒"的秦惠王,宣称商鞅因造反才被车裂,可谓事后追加的罪名。

商鞅生前死后,都是争论的对象。如今传世的《商君书》二十四篇,

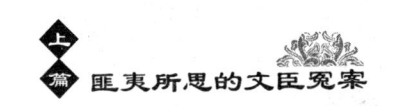

内有多少篇章是商鞅遗著？自东汉至明清的学者都没有闹清楚。司马迁《史记》诸篇的记载，并非因为司马迁"去古未远"，而是从司马迁关于商鞅变法过程的矛盾陈述中间，可以清理出来的历史实相，较诸《商君书》可信。

商鞅不是古典中国变法的第一人。即使说因变法丧生，而他本人开创的改革事业仍在延续，在商鞅以前也已有先例，如郑国的邓析、楚国的吴起。

当然，从历史效应来看，商鞅变法20年，不仅带领秦国由弱变强，成为战国七雄中的头等军事大国，而且如以前史家形容的，开始把整个秦国改造成一台"战争机器"。

这台"战争机器"，经过一代又一代跑到秦国去寻求致身将相机会的"客卿"们的不断修整，到秦王嬴政即位后，已变得非常可怕，很快吞并六国，"竟成始皇"。于是，作为"机器"的设计者，商鞅似乎比同时代的改革家更成功，因而人们对他何以成功的秘密，议论纷纷也很正常。》

商鞅如何成为变法的先行者

商鞅是中国变法史上最为著名的先行者，在今天还被作为组织内部改革的楷模而顶礼膜拜。客观来看，商鞅的变法是极有成效的，秦国在他的改造下，在短短的数十年间，从一个边陲小国、蛮荒之地一跃而成令东方诸侯敬畏的大国。

但是，秦孝公一死，对秦国有莫大功劳的商鞅却被认定为反叛，最后被车裂而死。其变化之快，让人目不暇接。而在数千年的传统评价里，商鞅的得分也极低。比如为他立传的司马迁便说他"天资刻薄"，最后是自作自受；而大文豪苏轼更是在《论商鞅》里，把他骂得一无是处。

商鞅所有组织变革举措的唯一目的，就是为了强化君主权力，以此增强国家的军事实力，让秦国在外战中占据优势，凌驾于东方诸国之上。这种带有强烈反智、愚民、好战倾向的激进国家主义的强力施行，虽然促使了秦国的强大，但也必然侵害着国内各个阶层的利益，使他成为众矢之的。他极端的功利主义，的确快速地奠定了秦国国力的强盛，但也同时给自己掘好了坟墓。

他辗转于魏、秦两国，亟待有所作为，来证明自身才干。由于没有国

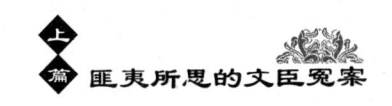

内盘根错节关系的牵累，注定他变法的决心更大，做起事来也会更加无所顾忌。

他果然没有辜负秦孝公的厚望，接连两次主持变法，在国内引起巨变，使秦国一跃成为强国——周朝天子刮目相待，各国诸侯来贺不绝。而国内百姓从不解到顺从，秦国权贵也从激烈反对到噤若寒蝉，一切似乎都在商鞅设计的轨道上按部就班地进行着。

而商鞅的职业前景也仿佛是一片光明，从左庶长一直升迁到大良造，国内无人匹敌。他率领被改造过的秦国军队攻打魏国，取得大胜，一时荣光无限。他被封十五邑，名列商君，成为秦国除了国君之外最有权势的人。

但在辉煌之下却是大厦将倾，而把他拖入死局的，也正是让他青云直上的变法事业。

彼时正处于战国中期，各国攻伐正酣，各国国君都期待通过改革变法加强战备、提升国家实力，求强图存之心尤为迫切。比如一直阻碍秦国东进的魏国，之前便有著名的李悝变法，很有成效。从当时的外部大环境来看，秦国是有强烈的变法需求的。

就秦国国君而言，这方面的需求更为强烈。与其他诸侯相比，秦国算是新晋，久处戎狄之地，列强地位一直难以得到认可。虽然远在秦穆公时代，秦国势力已得到了快速的发展，并在与诸侯的征战中屡有斩获，但势力范围一直被限制在西陲之地，难以东进。秦穆公去世后，接任的几代君王更无所作为，河西之地也落入魏国手中。

而秦国国内夷狄之风盛行，父子兄弟深夜内室杂处，屡有乱伦之事，

民风上很不开化。这种风气直到后期秦始皇时，嫪毐跟太后公然通奸生子，这种现象都能反映出当时的风俗。极为原始的秦地习俗，在文明化程度较高的东方诸侯眼里近乎禽兽之行，与强国的形象极为不符。且秦人好勇斗狠，常为私利血流成河，在秦献公（秦孝公父亲）之前，内乱不止，国君数易，国力一落千丈。此外，宗室力量也非常强大，对君主权力屡有掣肘。

为了提升国力，加强中央集权，新继任的秦孝公需要一场改天换地的革新，如此才能打开通往东方的崛起之路。

这样看来，商鞅主导的这场变法是出于国君的意志，自上而下主导的改革。从变法过程来看，更是商鞅主动煽动国君的结果，缺乏自下而上的有力支撑。事实上，强化君主势力，增强国家实力，从根本上就是在挑战所有阶层的利益。

这决定了从一开始，商鞅便要用强压的方式来推行改革，他一人对抗的是除国君外的整个秦国本土势力。在秦国勋贵眼里，完全是商鞅在糊弄国君，从一开始他们就竭力反对这场变革。但以甘龙、杜挚为代表的秦国勋贵却在与商鞅的争论中败下阵来，年轻气盛又亟待有所成就的秦孝公鼎力支持变法。而底层民众对这场变革更是无所适从，即便在法令颁布整整一年后，国中反对法令的人仍有成千上万。

底层百姓虽然能在军功封爵制和鼓励农耕生产中得到切实的好处，但商鞅制订的轻罪重罚制度也能转瞬让百姓得到的一切化为乌有———好不容易种地丰收了，打仗斩敌首升官了，可是法令中却有无穷的陷阱等待着你，即便再小心翼翼，也在劫难逃。在商鞅层层密布的法网条规的罗织

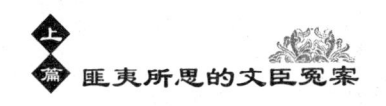

下，底层人民很难发自内心地拥戴他。

而变法在原有勋贵阶层引起的反弹更为强烈。第一次变法中最不能被他们接受的是军功封爵制———即使是秦朝的宗室，如果没有临阵杀敌，没有斩首立功，那么也不能加官晋爵。敌人的首级成了换取仕途升迁唯一的筹码。这种单一的军功晋升制度，彻底毁掉了这些旧有贵族的希望。

而在第二次变法中，商鞅又推行了郡县制和废除井田制，把小的乡邑集中划分成了三十一个县。这对旧有勋贵的利益损害更为直接：这之前秦国和所有诸侯一样，实行封建制，国君之下还有大大小小的领主，他们占据国中的各块土地，有自己的独立王国。而这两项制度一旦实行，这些地盘便落入国君手中，而那些被委派管理这三十一个县的县丞、县令只是行政官员，他们完全听命于国君，随时能被更换。这样，绝大部分土地就集中到了国君手中。这两次变法彻底剥夺了秦国原有贵族的特权、财富，也使商鞅得罪了整个勋贵阶层。

什伍连坐、禁止私斗、鼓励告奸、军功封爵、推行郡县……这些制度虽各有针对和侧重，但核心目的只有一个，就是通过对内部恫吓和掠夺的方式，整合整个国家的资源，强化君主威权，使秦国走上军国主义道路。如此变法的结果是，秦国的生产提升了———尤其农业大为发展，粮食补给充足；军中人人好战，军事实力显著增强，对外战争愈加频繁。

但改革中部分极端的措施损害了除国君外所有阶层的利益。只强国、不富民的政策必然会引起反弹。在商鞅心目中，国民越笨越好，越穷越好，如此才能利于内部管理，更加无所顾虑地为国卖命。

商鞅的改革是强有力的，但同时也是虚弱的，因为得到最大好处的只有国君，他是商鞅推行变革的唯一推动力和支持者。除了变法制度本身，商鞅过于激进和苛急的方式更让他走到了几乎所有人的对立面。

下篇

迷离莫测的人物谜团

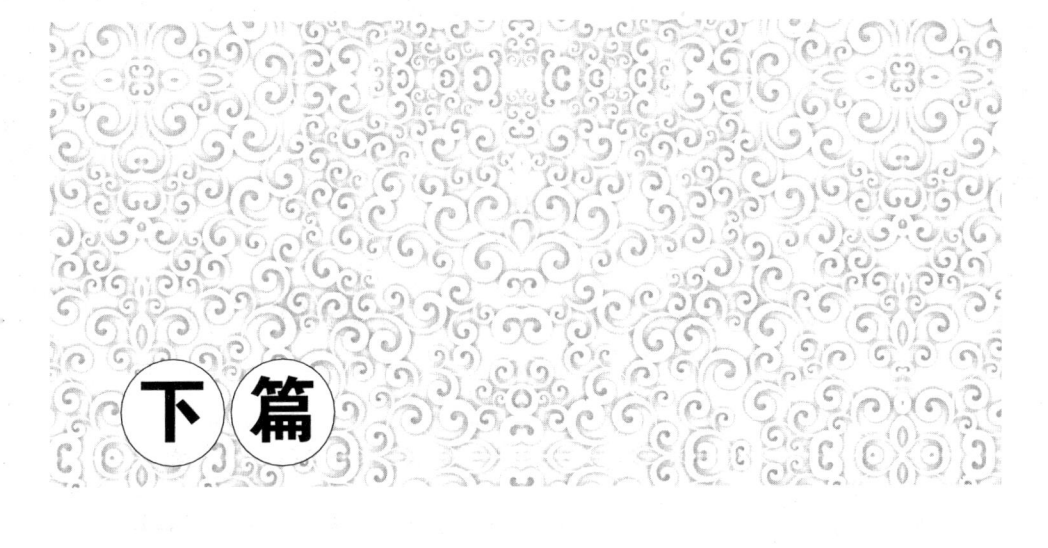

自古圣人就备受人们敬仰,每个人都渴望了解他们的身世、他们的生活。从文人到君王,每个人都有着迷离莫测的谜团。他们或者大隐于世,或者功成身亡,在历史的长河中,他们留下了太多的疑点。

神秘文人鬼谷子：神秘面纱难揭开

2000多年来，关于鬼谷子的研究，一直是前赴后继，无有穷期。对鬼谷子其人亦褒贬不一，甚至视《鬼谷子》为乱国之渊薮、诡辩之异书。鬼谷子有着经天纬地之才，他的身世一直是一个谜团。

鬼谷子身世之谜

在世界历史上，以千军万马推翻一个王朝的故事比比皆是，但因了一个人的谋略而扫平诸侯百国，终使乱国一统的人物只有鬼谷子一人而已。鬼谷子的名声不仅占据了几乎半部战国史，更使世界兵家着迷。基辛格的老师施本格勒曾评价说："鬼谷子的察人之明，对历史可能性的洞察以及对当时外交技巧（合纵与连横的艺术）的掌握，必然使他成为当时最有影

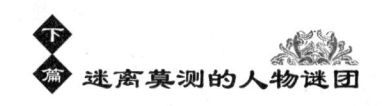

响的人物之一"。（《基辛格评传》）

春秋战国时，天下纷争加剧，出现应时而起之诸子百家，其中以兵家、阴阳家尤为战争中所急需者。兵家以战略为主导，阴阳以预测、诡变及间谍为举措，随之而兴起纵横家，即谋略为主体，实行纵横捭阖以操纵和战胜对方，以求自身获得利益。创立此战争外交谋略理论的就是鬼谷子，其代表作就是他的千古奇书——《鬼谷子》。鬼谷子因此而尊为世界纵横家、世界谋略家之鼻祖。

一些儒家经典拒鬼谷子于门外，《汉书·艺文志》拒录《鬼谷子》即是一例。《鬼谷子》书名始见于《隋书·经籍志》，其时距《鬼谷子》成书已1400余年。从2000年鬼谷学研究状况看，对鬼谷子的身世只有几个语焉不详的单词：鬼谷子，名王禅，传说中的楚国隐士，居于鬼谷，号称鬼谷先生。传闻苏秦、张仪、孙膑、庞涓都曾拜他为师，世称纵横之祖。仅此而已。

由于对鬼谷子其人的出身背景之谜一直没有破译，鬼谷学中便出现了若干不同版本的说法，乐一在注《史记·苏秦列传》时断言："苏秦欲神秘其道，故假名鬼谷。"清人翁元圻在注《国学纪闻》时更明确指出："秦、仪即鬼谷子。"有人把鬼谷子尊为神。《列仙拾遗》说鬼谷子"疑神守一，朴而不露，在人间数百岁，后不知所之"。也有人认为，鬼谷子是子虚乌有的"托名"。凡此种种，不一而足。并因此引发了旷时持久的关于鬼谷子原生地的争夺战。仅"鬼谷"就发现了十余处，比如河南的登封、汝阳、淇县，陕西的褒城，湖北的当阳等地都有鬼谷。张家界天门山亦有鬼谷洞。显然，鬼谷学这种无源之水、无本之木的"空对空"研究，

已经让鬼谷学陷入困顿状态。名不见经传的"王禅"为何一下从楚国冒出来，并成了叱咤风云的历史人物，已让更多人提出质疑。

相传，鬼谷子是村夫庆隆和东海龙女的儿子。庆隆和龙女虽被东海龙王压死在云梦山中，化作一道山岭和龙泉，但魂魄并未离去，要以凡人之体而继续存在，为后人造福。又有传说鬼谷子本是道教的洞府真仙，位居第四座左位第十三人。被尊为玄微真人，又号玄微子。

洞府就是洞天，是神仙住的名山圣境，又称洞天福地。传说有"十大洞天"、"三十六小洞天"和"七十二福地"。《道藏》中有一部专写洞天福地的书，叫作《洞天福地岳渎名山记》。浙江余杭县境内的"洞霄宫"就是三十六小洞天和七十二福地之一，被称为"大涤洞天"。元代的邓牧专有《洞霄图志》六卷，记叙该宫胜景。

真仙又称真人，只有得道成仙后方可称为真人。庄子称老君为"博大真人"；唐玄宗称庄子为"南华真人"，称文子为"通玄真人"，称列子为"冲虚真人"，称庚桑子为"洞虚真人"；宋代道士张伯瑞被称为"紫阳真人"；元太祖封丘处机为"长春真人"。玄微真人鬼谷子住在鬼谷洞天，是为了在凡间度几位仙人去洞天。无奈苏、张、孙、庞诸弟子皆尘缘未尽，凡心未了。鬼谷子只好在暗中关注弟子，不时助正抑邪。

相传鬼谷子有隐形藏体之术，混天移地之法；会脱胎换骨，超脱生死；撒豆为兵，斩草为马；揣情摩意，纵横捭阖。

鬼谷子晚年归隐云梦山，一则聚徒讲学，二则孝敬老母。一日，王霞瑞把鬼谷子叫到跟前，语重心长地说："娘为你饱受人间疾苦，如今为娘两鬓斑白，风烛残年，娘无他求，我死后，只求你把我葬在九龙聚汇的地

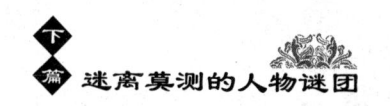

方。儿若想娘，就在我墓旁挖一口井，从井水中可以看到为娘的身影。"话刚说完，就谢世归天了。

鬼谷子悲痛不已，眼含热泪在九龙聚汇之处安葬了母亲。为早日再见慈母的尊容，便率弟子在母亲墓旁挖井不止。整整挖了八十一日，方才把井凿成。果然井水中映出了他母亲的容颜。朝看母亲十八九，暮观老母鬓如霜。从此鬼谷子朝朝暮暮都跑到井边去瞻仰母亲的遗容。星转斗移，天长日久，鬼谷子又发现了此井的一个奥秘，根据井中的水位升降，可以洞察天气阴晴变化。井水上升，天阴有雨，井水下降，则无雨天晴，因此这口井又被称为"井中洞天"。

此井是鬼谷子为怀念其母而凿，故曰"鬼谷井"。

鬼谷子的主要著作有《鬼谷子》及《本经阴符七术》。《鬼谷子》侧重于权谋策略及言谈辩论技巧，而《本经阴符七术》则集中于养神蓄锐之道，用以修心修身。《本经阴符七术》之前三篇，说明如何充实意志，涵养精神。后四篇讨论如何将内在的精神运用于外，如何以内在的心神去处理外在的事物。鬼谷子为纵横家之鼻祖，苏秦与张仪为其最杰出的两个弟子（见《战国策》）、另有孙膑与庞涓亦为其弟子之说。

纵横家所崇尚的是权谋策略及言谈辩论之技巧，其指导思想与儒家所推崇之仁义道德大相径庭。因此，历来学者对《鬼谷子》一书推崇者甚少，而讥诋者极多。其实外交战术之得益与否，关系国家之安危兴衰；而生意谈判与竞争之策略是否得当，则关系到经济上之成败得失。即使在日常生活中，言谈技巧也关系到一人之处世为人之得体与否。当年苏秦凭其

三寸不烂之舌，合纵六国，配六国相印，统领六国共同抗秦，显赫一时。而张仪又凭其谋略与游说技巧，将六国合纵土崩瓦解，为秦国立下不朽功劳。所谓"智用于众人之所不能知，而能用于众人之所不能。"潜谋于无形，常胜于不争不费，此为《鬼谷子》之精髓所在。《孙子兵法》侧重于总体战略，而《鬼谷子》则专于具体技巧，两者可说是相辅相成。

鬼谷子既有政治家的六韬三略，又擅长于外交家的纵横之术，更兼有阴阳家的祖宗衣钵，预言家的江湖神算，所以世人称鬼谷子是一位奇才、全才。鬼谷子为纵横家之鼻祖。《鬼谷子》作为纵横家游说经验的总结，其价值是不言自明的，《隋书》中说："纵横者，所以明辩说、善辞令，以通上下之志也""佞人为之，则便辞利口，倾危变诈，至于贼害忠信，覆邦乱家。"历代虽然存在着对纵横之学的偏见和歧视，但我们不能因为某种事物能用于坏的方面，就否定其自身价值。

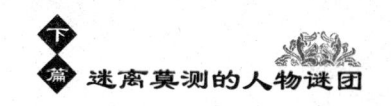

鬼谷子夜识无字天书

相传，鬼谷子的师傅升仙而去时，曾留下一卷竹简，简上书"天书"二字。打开看时，从头至尾竟无一字，鬼谷子一时心中纳闷。与师父相依为命九年时光，感情日笃，今天师父突然离去，一时觉得无着无落，心中空空荡荡的，无心茶饭，钻进自己的洞室倒头便睡。可又如何睡得着，辗转反侧，老是想着那卷无字天书竹简，直折腾到黑，那竹简仍在眼前铺开卷起，卷起铺开，百思不得其解。他索性爬将起来，点着松明火把，借着灯光一看，吓得他跳了起来，竹简上竟闪出道道金光，一行行蝌蚪文闪闪发光，鬼谷子叹道："莫非这就是世传'金书'。"

一时兴致倍增，一口气读将下去，从头至尾背之成诵。原来上面录着一部纵横家书，尽讲些捭阖、反应、内楗、抵巇、飞钳之术，共13篇。

第一篇大意是说：与人辩论，要先抑制一下对方的势头，诱使对手反驳，以试探对方实力。有时也可以信口开河，以让对方放松警惕，倾吐衷肠；有时专听对方陈说，以考察其诚意。要反驳别人就要抓牢证据，要不让人抓到证据，就要滴水不漏。对付对手有时要开放，有时要封锁，能把放开与封锁灵活运用就可以滔滔不绝，变化多端。只有这样才可以说人，

可以说家，可以说国，可以说天下。

第二篇大意是说：与人辩论，要运用反复的手法。反过去可以知其过去，复回来可知其现今。如果反反复复地试探，没有摸不到的底细。有时可以运用反辞来试探对手，要想听到声音就先沉默，要想张开，就先关闭；要想升高，就先下降；要想夺取，就先给予。

第三篇大意是说：要掌握进退的诀窍，这诀窍就是抓住君主的爱好，只要抓住了就可以随心所欲，独往独来。如能顺着君主的情绪去引导或提出建议，就能随机应变，说服君主。

第四篇大意说：凡事都不是铁板一块，都是有裂痕的。在辩论中要能利用别人的裂痕，同时，还要防止自己一方的裂痕。秋毫一样的裂痕，可以发展为泰山那样大。所以当裂痕小时要补住，大点时要切断裂缝，当大到不可收拾时，就干脆将其打破，裂痕也就消灭了。

第五篇大意说：与人雄辩要设法钩出对方的意图，用飞扬之法套出对方的真话，再用钳子钳住，使其不得缩回，只好被牵着走。这样就可纵可横，可南可北，可东可西，可反可复。

第六篇大意说：要想说服他人，必先衡量一下自己的才能长短，比较优劣，自身才质不如他人，就不可能战胜他人。

第七篇大意说：要游说天下人君，必须会揣测诸侯真情，当人极度兴奋时，就无法隐瞒真情，当人极度恐惧时也无法隐瞒真情。在这时才能有效地游说和说服人。

第八篇大意说：善于摩意的人就象钓鱼一样不动声色，让鱼自动上钩，"摩"的目的就是刺激对方，让他不由自主地上你的钩。把事情办成

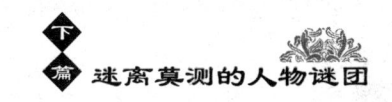

功，使人不知不觉。

第九篇大意说：要游说入主，就要量天下之权，要比较各诸侯国的地形、谋略、财货、宾客、天时、安危，然后才能去游说。

第十篇大意说：要做大事，就要有一个向导，就像指南针一样，游说的向导是谋略，要先策划好，再按着策划的目的去游说。

第十一篇大意说：游说要先解疑，解疑的好办法是让对方道出实情。

第十二篇大意说：耳朵要善于听，眼睛要善于看，用天下之耳听，则无不闻；以天下之目看，则无不明；以天下之心虑，则无不知，只有对事情了如指掌，才能言无不验，言无不听。

第十三篇大意是：游说要靠巧辞，要对什么人说什么话，说什么话就要采用什么办法和说辞。不要简单直言，要研究讲话的对象，讲究讲话的技巧。

读完这13篇，鬼谷子不禁拍案叫绝，平素与真人辩论，从未有主动之时，原来真人有如此金书，不知者怎可与之争强。不禁想起与师父一起生活研习的时光，一股股暖流，一阵阵的心酸，不时又加几分孤寂。于是，息了明火，钻进被窝睡去。夜间少不得梦见自己金书在手游说天下。

第二天醒来觉得十分困顿，但还是放心不下金书，又打开想细细推敲，不料书中又一字皆无。鬼谷子从头翻至书尾还是一字不见，更觉此书乃师父至宝，要十分珍重，走进内洞将其摊在卧榻之上。然后走出洞门照师父所嘱练功、作法，一日三餐虽不香甜，倒也好打发日子。不觉日落偏西，黑夜又至，鬼谷子走入内洞上榻休息，只见金书闪着金光，字迹依稀可见，鬼谷子越觉奇了，原来月光从天窗射进来照在金书上，至此鬼谷子

发现这金书原属阴性，见日则不显，在月光，灯光下才显其缕缕金文，真乃旷世奇书。鬼谷子走出内洞，到石桌边，掌上烛明火把，又读将起来。

怎么换了文章，昨天读的本是纵横之言，如今怎么成了兵法？于是把竹简细细翻一遍，还是兵法，并无纵横之术。这书更加奇了。于是一口气读将下去，仍然是13篇。

第一篇大意说：纵横捭阖乃万物之先，是方略、圆略、出入的门户。治世安民，一统天下，兵非良策。拥力而避战，交言而弭兵，不战而屈人，以战而止战才为上策。

第二篇大意是说：兵机大事在知己知彼，要有致胜之谋，必须审其情，定其基。掌握敌隋要快、要全，暴露给敌人的要少、要慢，阴谋与阳谋，阳谋与阴谋，方略与圆略，圆略与方略，要交替运用，不可固守一端。兵无定策，策无定形，使人无可乘之机，这就是"天神"。

第三篇大意说：君臣上下之事，有亲有疏，有远有近，君臣之间远远听到声音就思念，那是因为计谋相同，等待他来决策大事。在这种情况下君主要重用，将帅就要出仕，建功立业。如果在君主近前不被任用，那是计谋不合，在这个时候，卸甲归田才是上策。

第四篇大意说：合久必分，分久必合，这是自然的。圣明君主，见到世事有了裂痕，就要设法去抵住，而抵法有几种，世可治则抵而塞之，不可抬则抵而得之。五帝的政权就要夺取，诸侯之间的征伐是不可胜数的，这时参与争霸才是上策。

第五篇大意说：凡要决定远近征伐，就要权衡力量优劣。要考虑敌我双方的财力、外交、环境、上下关系，那些有隐患的就可征服。征服的上策，是靠实力去威慑。然后，令其或纵或横，或南或北，或东或西，或反或复，听我摆布。

第六篇大意说：各国之间或联合，或对抗，要成就大业，需有全面计谋，要能携四海包诸侯。不是圣明君子，不能通过深层的智谋，则不能统帅国家，没有智慧的人不能主持用兵。要正确确立联合谁、打击谁，关键在于自己要有才能智慧，比较双方长短远近，然后才能可进、可退、可纵、可横，把兵法运用自如。

第七篇大意说：要策划国家大事，就必须会揣测他国的想法，如果不会揣测，虽有先王之道，圣智之谋，也是没用的。揣测是计谋的根本。

第八篇大意说：主持练兵，使军队能打胜仗而士兵又没畏惧感，使军队常在不动兵器、不花费钱物的情况下就能取得胜利，这才算"神明"。而要做到这一点，关键在于谋略，而谋略是否成功，关键又在于周密。

第九篇大意说：善于争霸天下的人，必须权衡天下各方的力量，要度量各国的土地人口、财富、地形、谋略、团结、外交、天时、人才、民心等国事，然后才能做出重大决策。

第十篇大意说：凡兵谋都有一定规律。事生谋，谋生计，计生议，议生说，说生进，进生退，退生制。计谋之用，公不如私，私不如法，正不如奇，奇流而不止。

第十一篇大意说：凡是要做出决断，都是因为有所疑惑，在一般情况下是可以通过分析来决断的。而军中大事，各方面头绪十分复杂，难于决断时，可以用占筮的方法决断大事。

第十二篇大意说：在用兵将之时要赏罚严明，用赏最重要的是公正。

赏罚严明才能无往不胜。

第十三篇大意说：举事欲成乃人之常情，为此，有智慧的人不用自己的短处，而宁可用愚人的长处，不用自己笨拙的方面，而宁用愚人所擅长之处，只有这样才不会穷困。鬼谷子的这十三篇兵法与后世所传孙子兵法13篇，一文一武互为表里，相辅相成，鬼谷子所传为文兵法，而孙武所传为武兵法。鬼谷子主张以圆略致强兵，孙子则主张以方略而致全胜。两部兵法都主张不战而屈人之兵。

鬼谷子从发现了金书的奥秘以后，每夜读一遍，则每夜可得一书。

第三夜得的是致富奇书，里面讲些养殖方法、贸易原则，讲"将欲取之必先与之"，讲"世无可抵则深隐以待时"。此法由鬼谷子传给计然、范蠡（即陶朱公）及吕不韦、白圭等人。

第四夜读到的是《养性修真大法》，里面主要讲述《本经阴符七术》，讲盛神靠五气，神为之长，心为之术。五气要靠志、思、神、德等精神因素。这四者不衰，静和养气才能成为真人。鬼谷子以此秘诀传茅濛、徐福，以后又传陶弘景诸人。

第五夜读到推命相面术，里面讲天武经；命数、面相及人生祸福，此法亦由鬼谷子传给茅濛，以后又传给司马季主、李虚中等人。

第六夜、第七夜……，鬼谷子每夜必读一遍，每次得一部新书，天上人间、治国安邦、仕途经济、天文地理、星命术数、丹药养生，无所不有，取之不尽用之不竭。鬼谷子视为珍宝，爱不释手。

鬼谷子的谋略

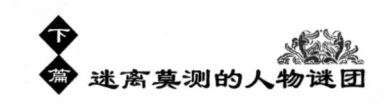

提起鬼谷子的名号，今人多已不知，但提起他的两对杰出弟子孙膑、庞涓和苏秦、张仪，无人知的可就少了。人们大都先想起孙膑庞涓、苏秦张仪才能进而想到鬼谷子老先生。老先生姓王名诩，春秋时人。常人云梦山采药修道，因隐居清溪畔之鬼谷，故自称鬼谷先生。鬼谷子先生对谋略、外交和战术更是最为独辟新径，一生虽未出仕入世，但因其弟子们的杰出成就，被后世尊为战略学、纵横学之鼻祖。

鬼谷子老先生最为人们崇尚的或是他的纵横之术了，也就是权谋策略及言谈辩论之技巧，因其指导思想与其他大家尤其后世独尊的儒家所推崇之仁义道德大相径庭，因此，历来学者对《鬼谷子》一书讥诋极多，因而到了现代，老先生的学说多不为人知。但到了现代社会，人们对言谈辩论的重要性认识更为深刻，也更能领略老先生的学说精髓，大到国家间关于外交谈判之得益与否，关系国家之安危兴衰；小到企业间关于市场生意谈判与竞争之策略是否得当，则关系到企业的成败得失。即使在日常生活中，言谈技巧也关系到一人之处世和为人之得体与否。当年苏秦凭其三寸不烂之舌，合纵六国，佩六国相印，统领六国共同抗秦，显赫一时。而张

仪又凭其谋略与游说技巧，将六国合纵土崩瓦解，为秦国立下不朽功劳。所谓"智用于众人之所不能知，而能用于众人之所不能。"潜谋于无形，常胜于不争不费，此为《鬼谷子》之精髓所在。

鬼谷子老先生最大的法宝就是"揣测与谋略"了。揣是分析判断、测是预先探测和搜集信息，在揣测的基础上，与事实相对应，进行有分析、有目的的谋略，然后有针对性地实施。鬼谷子的学说还告诉我们，揣测和谋略是从宏观上控制员工和企业，当然还有朋友和对手，但要使被游说之人信服和使企业获利，领导者则必须善于决策和具有高超的实际本领。这种本领，鬼谷子老先生称为"术"。而这种"术"又分为几类，其一为"捭阖术"，老先生说，阴阳啊、开合啊、捭阖啊？包括后世所言的矛盾等等只是一些名词而已，但这却包含了万物生死存亡的大道理，是事物发展的普遍规律，捭阖术就是要掌握这种客观规律，从而达到自己的目的。按照对象的聪明勇敢程度等情况，"乃可捭，乃可阖，乃可进，乃可退……"其二是"反应术"。老先生认为一定要善于掌握对方的情况，从而根据不同变化采取不同的措施，并以静制动，达到"张网而取兽"的目的。反应术中运用一些小的术谋，"将欲取之先与之"即给对方小的利益，诱取大的成果。其三"飞钳术"。鬼谷子认为，只有充分了解对方的心理，才能诱导对方跟着自己走。首先给对方以肯定和推崇，然后诱入自己的圈套。还有"雄辩术"，这应该是现代人最为熟悉和常用的一种技巧了，无非重视讲话的技艺，研究说服的对象罢了。

鬼谷子老先生的成功，就是将极高明的谋略思维与管理技巧完美地结合。中国是谋略之乡，谋略思维是中国优秀传统文化的核心之一。他将竞争的普遍规律运用到具体的社会实践上，表现在与人物交往的策略性运用，淋漓尽致地体现了古代谋略学说高超水平。这就是谋略的作用。

鬼谷子出生在云梦山，又在云梦山娶妻生子。鬼谷子算定儿子有三劫：蛇吞、虎吃、强盗杀，命该短寿。为此取名"三险"。留下了这个令人绝望的预言，鬼谷子就出远门，到陈州打卦算命去了。三险长到十三四岁向母亲询问父亲下落。母亲据实相告。三险决计去找父亲。

三险下了云梦山，路过清溪，正遇木桥被洪水冲垮。三个少女，在河边着急过河。见三险来了，求他帮忙。三险用石头在浅处堆垒，大半天时间垒成七个石磴然后请三位少女过河。三少女也不说话，踏着石磴过了河，转眼间不见了。原来三个仙女是神仙所化，专门来试探三险的品行和为人。

三险一路风餐陆宿，一天独行在盘山道上，见一巨蟒挡住去路。三险坦然说道："蛇啊蛇，我寻爹，你要吃我就点三下头，你要不吃我就摇三下头。"大蟒蛇摇三下头，走了。

几天以后，三险又遇一虎，躲无法躲，藏无法藏。又坦然地对虎说："虎啊虎，我寻父，你要吃我就点三下头，你要不吃我就摇三下头。"老虎摇三下头，走了。

赶路途中，遇一座山寨，三险欲借宿其中。出来开门的是位年青娘子，三险向娘子说明借宿之意。娘子劝他赶快离开，并说："我是被抢来的，这是个强盗的山寨，一会儿，强盗回来，你难保性命。"说话间，不

远处，传来了强盗的声音。姑娘急中生智。将三险藏在柜中。强盗回来，娘子惊魂未定，被看出了破绽。强盗把刀架在娘子的脖子上说："有何生人来此，从实招来，一句假话，先要你的头！"三险听了，忙说："是我到此借宿，要杀就杀我。"说着，从柜里钻出来。强盗不由分说举刀向三险砍来。只听得"咔喳"一声，一人应声倒地。不过倒地者，不是三险而是那个强盗。原来娘子以重物从后猛击强盗，置之死地。

三险给了娘子一些盘缠，让她回家与家人团聚，自己又踏上了寻父之路。

昼行夜宿，没几天来到了陈州，经人指点，三险顺利找到了鬼谷先生。鬼谷子见三险能拔涉千里来到陈州，甚是不解，再看儿子的面相，先前的劫数荡然无存。鬼谷子听了儿子的一路坎坷，说道："我能断得了寿命长短，却断不了人心好坏。命虽天定，善能化劫。"

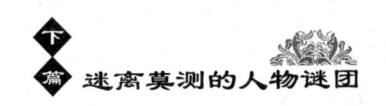

云梦山与鬼谷子的传说

当我们翻阅历史，尤其是翻阅战国史的时候，有一段历史是让我们无比心痛的，这就是孙膑和庞涓的纷争。

作为同门师兄，两个人如此势不两立，天下罕见。

庞涓离开鬼谷子以后，来到了魏国。他先到了相国王错家，与王错大谈兵法。王错很感兴趣，就把他推荐给魏惠王。庞涓入朝的时候，正赶上魏王用膳，庖人送上来一只蒸羊。庞涓心里很高兴，因为先生说过：遇羊而荣。魏王问庞涓有什么学问。庞涓说："臣就学于鬼谷子，凡是用兵的方法，臣都学得很精通。"随后将所学倾囊倒出。

庞涓取得魏王的信任，被委任为元帅兼军师。他开始练兵习武，逐渐侵略卫、宋等小国家，屡建战功。宋、鲁、卫、郑等小国慑于魏国的压迫，不得不来朝拜魏王。后来庞涓又带领魏军，打败了入侵的齐军，从此名声大振。

庞涓在魏国站稳了脚跟，但他却忘了和师兄孙膑的约定，没有向魏王推荐孙膑。在鬼谷子处求学的时候，先生经常出题考他俩，绝大多数，庞涓都没有考过孙膑，他知道孙膑的才能比自己高明，所以如果孙膑也出山

来到魏国，那么他庞涓出生入死得到的名望就会在孙膑的才气面前黯然失色。可使他意想不到的是，先生的老友墨翟却向魏王推荐了孙膑。庞涓一看瞒是瞒不住了，只好修书一封，由魏王的特使送给孙膑，心想：等孙膑来了以后，再想办法压抑他的才能就是了。

孙膑见到了庞涓的信，立刻来到了魏国，住在庞涓的元帅府。孙膑呆在身边，终究对庞涓是个威胁，于是，他开始设计陷害孙膑。

半年以后，庞涓阴谋得逞，魏王以"私通外国"之罪，将孙膑的两个膝盖骨生生挖出，又在孙膑的脸上刻上"私通外国"4个字，用墨涂上。

当孙膑了解到自己所受髌刑乃是庞涓暗中陷害时，就以"诈疯魔"装疯卖傻，最终摆脱了庞涓，来到齐国，受到齐王重用。

不多久，魏国为了报中山之仇，在庞涓的带领下攻打邯郸，邯郸守将连战皆败，赵成侯向齐国求救，表示愿献出中山地区。齐王心动了，想拜孙膑为大将领军出征。孙膑推辞说："我是受过刑罚的人，如为大将，必为他人耻笑，不如以田忌为将，我暗中相助，敢不效犬马之力。"

齐王大喜，就以田忌为将，孙膑为军师，领军解邯郸之围。

在这次交锋中，齐军不仅解了邯郸之围，还让魏军损失惨重。

后来，庞涓趁齐国辞退田忌和孙膑之机，横行列国，起兵伐韩。齐国又起用田忌和孙膑，依然采用围魏救赵的计策，将魏国的军队引回魏境。又用减灶之计，将魏军吸引至马陵道附近地区，并在马陵道的深谷中设下埋伏，只等魏军前来，就地全歼。

孙膑命人将山谷中的树全部伐倒，只留下正中一棵，刮去树皮，写上"庞涓死于树下"几个字。夜间，魏军到达。庞涓好奇心强，要看清树上

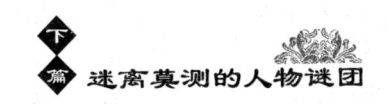

所书何字，命人点亮火把。霎时，齐军万箭齐发，庞涓被射成刺猬。

战役过后，孙膑也淡泊名利，重回云梦山，陪老师鬼谷子隐居。

我国有"三教九流"之说，其中一派叫做"纵横家"。

战国时代，所谓的"纵横家"，实际指的就是苏秦、张仪。而两个人都是"鬼谷子"的门生，施展"合纵"、"连横"之术，将战国晚期各诸侯及天下形势掌握于股掌之中。太史公司马迁曾经评价二人，"此两人真倾危之士！"

"合纵"之祖——苏秦，字季子，东周洛邑（今河南洛阳东）人氏，年幼之时，曾与张仪拜鬼谷先生为师，但学成之后并没有被列国录用，苏秦就回到故里，头悬梁、锥刺股，刻苦攻读有关兵法、医学、经济和法令等方面的书籍，对当时各国的具体形势作了充分的研究。经过反复思考，苏秦初步形成了一个促成六国结盟以共同对抗秦国的战略思想，即"合纵"。

出于对自己新战略思想的自信，苏秦再次离开家乡，到各国游说。他这一去，改变了中国的历史。

辞别故乡的苏秦首先来到比较弱小的燕国。晋见燕文侯时，他陈述了燕与别的国家结盟的必要性：燕之所以能够安乐无事，不受到强秦的侵犯，是因为南面有赵国作屏障。秦要攻燕，必须经过赵而跋涉千里，赵要攻燕，不需百里即抵燕都。赵国之所以不攻打燕国，全因为强秦在后面牵制，而燕却正好可以利用这个机会与赵国结盟，共同抵抗强秦，防患于未然。所谓"夫不忧百里之患而重千里之外，计无过于此者"。于是，苏秦建议燕文侯先与赵国结好，然后再与其他各国联盟抗秦，这样，燕国就可

保安全。他出色的口才和一语中的的言论打动了燕文侯的心，于是燕文侯拿出车马金帛助他去赵国游说。

苏秦来到赵国之后，便以燕国使者的身份晋见赵侯。他向赵肃侯指出，秦国强大，早就有入侵中原之念。凭各国的实力，都难以单独抵抗强秦，如若各国都争相讨好秦国，将来势必被秦国各个击破。若各国联合，则"地五倍、兵十倍于秦"，攻一国而各国援助，则秦虽强，也不敢轻举妄动，各国亦可相安无事。因此，苏秦请赵侯出面倡议六国合纵抗秦。赵侯当即就采纳了他的建议，并且拜苏秦为相国，派他去游说各国，以订立合纵盟约。苏秦遂又以赵国使者的身份，去其余各国晓以利害，并成功地得到各国君主的赞同。回到赵国之后，被封为武安君。至此，苏秦可谓"不鸣则已，一鸣惊人"。单凭自己那三寸不烂之舌，竟促成了前所未有的六国同盟。

不久之后，六国国君于赵国洹水（今河南境内）之上，歃血为盟，合纵抗秦。封苏秦为"纵约长"，挂六国相印。并派人将六国盟约之事向秦国通报。自此之后，秦国竟有15年之久不敢越函谷关"雷池"半步。

"连横之父"——张仪，是苏秦的同窗好友，出道较苏秦稍晚，也没有像苏秦那样先"碰钉子"，相对来说，他的仕途比较顺利。传说苏秦挂六国相印之后，张仪去见苏秦，要求与之共事。苏秦言道，你我才能相当，现在我已挂六国相印，你来投靠，必然不会受到重用，再说，我二人若是帮助六国灭秦，必将因为功劳太大而被别人嫉妒。现在你应当去投靠秦国，与我的"合纵"相对。

在苏秦挂六国相印之后，张仪西去投秦，受到秦惠文王的重用，颇有

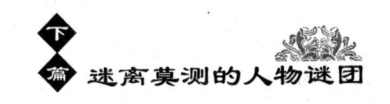

政绩。

公元前328年，张仪正式出任秦相，开始实行"连横"战略。他与秦王商定，由自己先去魏国任相，设法使魏国首先背离合纵之约，与秦国结好。到魏国之后，他向魏王指出，就算是亲兄弟，也会争夺财产，更何况六国各有"计谋"，同盟不可能长久。魏国处于各国包围之中，地势平坦，无险可守，只有依靠秦国才能保证安全。但是魏王并没有采纳他的建议，于是张仪暗告秦王发兵攻魏。在他软硬兼施、打拉结合的策略下，魏王终于背弃合纵之约，转与秦国结盟。

张仪回到秦国之后，又主动向秦王要求出使楚国，以拆散齐、楚联盟。晋见楚王时，他说道，当今七雄之中，以秦、楚、齐最为强大，三者之中，又以秦国最强，齐、楚两国相当。如果楚国与秦国联盟，则楚国就比齐国强大；反之，如果齐国先与秦国联盟，则齐国就比楚国强大。所以，楚国最好的出路就是与秦联盟。他又许诺在楚国与齐国断交、同秦国结盟之后，秦国会把商于之地六百余里归还楚国。楚王被眼前的利益所动，不顾众大臣的反对，授张仪相印，与齐国断交，并且派一名将军随张仪回秦国取回商于之地。谁知张仪回秦之后，佯装摔伤脚，三个月不露面。楚王得知后，竟以为是因为自己与齐国绝交不够，于是又派人到齐国大骂齐王，齐王大怒遂决定与秦结盟。这时，张仪告诉随行的楚国将领，自己答应楚王的，不是六百里商于之地，而是自己的奉邑六里。楚王得知此事大怒，起兵10万攻秦，却被齐、秦联军击败，折兵8万！并被秦国夺走丹阳、汉中之地。楚王不甘失败，又调举国之兵攻秦，再次大败，只好再割两座城池与秦国讲和。秦王提出用商于之地换取楚国黔中之地，楚

王竟然答复，只要得到张仪并亲自诛之，愿将黔中之地奉送。张仪不顾个人安危，只身赴楚，买通宠臣靳尚和夫人郑袖，使楚王改变了对自己的态度。之后，他向楚王提出，他可以向秦王建议不要黔中之地，两国太子互为人质，永结亲盟。楚王对此十分高兴。就这样，齐楚两国也背离了"合纵"与秦国结盟。

张仪回秦之后，马上又出使其余几国，使他们纷纷由合纵抗秦转变为连横亲秦。他也因此被秦王封为武信君。秦惠文王死后，因为即位的秦武王在当太子的时候就不喜欢张仪，张仪出逃魏国，并出任魏相，一年后去世。

瓦解了苏秦生前所创的六国合纵，在他死后，虽然六国背离连横恢复合纵的情况，但是已无法持久。应该说，是张仪的连横之术最终成就了后来秦灭六国、统一天下的旷世业绩。

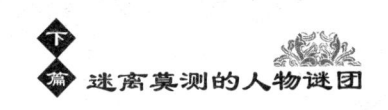

鬼谷子与四大山中宰相

"清溪千仞余，中有一道士。云生梁栋间，风出窗户里，借问此何谁？云是鬼谷子。"这是晋代名人郭璞的游仙诗。诗中充满了仙气，这仙气烘托着鬼谷子这位世外高人的形象。其实这也是郭璞所追求的境界。

郭璞，字景纯，河东闻喜人。晋武帝司马炎时，出生于一个士族官宦之家。

郭璞学识广博，才华横溢，对文字学、训诂学都有研究。曾注释过《周易》《山海经》和《楚辞》。郭璞懂天文、五行，会堪舆、占筮，且擅长诗赋，《晋书》称其"辞赋为中兴之冠"。郭璞时时审时度势，又常常先知先觉。善于禳灾避祸，又大智大勇、无所畏惧。

郭璞为大将军王敦当记室参军，为反对王敦谋反，他借算命之机告诫道："如果谋反，你的寿命就快到头了。"王敦不但不听，反而要加害于郭璞。便别有用心地问郭璞："你算算自己还能活多久？"大智大勇的郭璞早已看透了王敦的阴险用心，就说："我的寿命，只能到今天中午。"王敦为排除身边隐患，顺利组织反叛，当时就杀了郭璞。后来王敦起事叛乱，出师不利，不出百日，"愤惋而死"。两个人的寿命，都应验了郭璞的预言。

在晋代，郭璞就是一个"鬼谷子"，就是一个超凡脱俗的仙真高道。

陶弘景在《真灵位业图》中把鬼谷子列为道家真灵。他在该书的序中写道："夫仰镜玄精，睹景耀之巨细。俯盼平区，见岩海之崇深。搜访人纲，究朝班之品序。研综天经，测真灵之阶业。但名爵隐显，学号进退，四宫之内，疑似相参。今正当比类经正，譬校仪服，埒其高卑，区其宫域。……虽同号真人，真品乃有数。俱自仙人，仙亦有等级千亿。"这里说的虽是神仙，实际上反映了宗法理念。从中可见鬼谷子在陶弘景心目中占有极高的地位。

陶弘景重视道教养生，主张道从养神、炼形入手。强调"少思寡欲"，"游心虚静，息虑无为"，谓治病应因人之虚实、男女老幼、苦乐荣瘁而异。他开创性地将药物分为玉石、草木、虫兽、果菜、米实等类，并分别介绍其名称、产地、性状、功效、配制方法等等，为本草学的发展做出了重大贡献，在中医药发展史上有重要地位。强调炼形要"饮食有节，起居有度"，避免过度辛劳和放纵淫乐，主张通过导引延年益寿，对中国药膳、食疗养生有重大影响。陶弘景重视炼丹实践，其炼丹成就对推动原始化学的发展具有积极意义。

陶弘景毕生作品达七八十种。至今存世的有《真诰》、《真灵位业图》、《登真隐诀》、《天文星算》、《帝代年历》、《华阳陶隐居集》、《肘后百一方》、《本草集注》、《效验方》、《补阙肘后百一方》、《药总诀》、《陶隐居本草》、《导引养生图》、《养性延命录》、《合丹药诸法节度》《集金丹黄白方》、《太清诸丹集要》、《服饵方》、《服云母诸石药消化三十六水法》、《炼化杂术》等。

特别可贵的是陶弘景精心研究《鬼谷子》一书，作了系统的注释。他的注本是《鬼谷子》保存至今的唯一一个版本，并且是纵横家独传之子书。陶弘景的注文有效地阐释和发挥了鬼谷子的思想，成了鬼谷学说承前启后的独存载体。陶弘景对《鬼谷子》一书的注释和传承，又一次说明了道教文化对中国文化的独特贡献，也说明了道家宫观也是保存古代文献的洞天府地。

梁主萧衍好道术，视陶弘景为国师，早与之游。即位后，"恩礼甚笃，每得书，焚香虔读"，"屡以手敕招之，弘景不出"，但"恩礼愈笃，书问不绝"。常送重金厚礼，又在句曲山建朱阳馆，供陶弘景起居。再建太清玄坛，"以均明法教"；"国家每有吉凶征讨大事，无不前以咨询，月中常有数信，时人谓之山中宰相"。陶弘景深居茅山45年，始终关注世事，有人称其在出世入世之间。81岁寿终，梁武帝诏赠中散大夫，谥贞白先生。

《太白阴经·术有探心篇》云"非达奥知微，不能御敌；不劳心苦思，不能原事；不悉见情伪，不能成名；才智不明明，不能用兵；忠实不明真，不能知人。是以鬼谷先生捭阖、揣摩、飞钳、抵巇之篇，以教苏秦、张仪游说于六国，而探诸侯之心。于是，术行焉。"李筌在《太白阴经》中的这一段议论，可谓对纵横学术的高度概括，亦是对鬼谷师徒的纵横活动的简要评述。这一篇几乎通篇都是对《鬼谷子》的阐释。李筌在《太白阴经》其他篇章中还多处引用《鬼谷子》的原文，其《贤有遇时篇》篇："如覆水于地先流其湿，如燎火于原先就其燥。"《术有阴谋篇》云："古之善用兵者，必重天下之权，而研诸侯之虑。重权不审，不知轻重强弱之称。揣情不审，不知隐匿变化之动静。重莫难于周知，揣莫难于悉

举，事莫难于必成。"《地势篇》云："善战者，以地强，以势胜，如转圆石于千仞之谷者，地势然也。千仞者，险之地，圆石者，转之势。"

李筌，号达观子，陇西人，唐代著名道士，约活动于唐玄宗至肃宗时期。《集仙传》道其仕至荆南节度副使、仙州刺使。《太平广记》中有一段李筌得兵书的传奇故事：李筌是一位道士，又是一位学者。他可出世谈玄论道，也能入世说法演兵。李筌借骊山老母之口所说的《阴符》之义，就是对其所有理论的概括："此符凡三百言，一百言演道，一百言演术，一百言演法，上有神仙"抱一"之道，中有富国安民之法，下有强兵战胜之术，皆内出心机，外合人事。观其精微，《黄庭》、《内景》不足以为玄；鉴其至要，经传子史不足以为文；孙、吴、韩、白不足以为奇。"

李筌有自己独特的思想体系。李筌提出"虚静至神"、"不神而能至神"。他说"天圆地方，本乎阴阳，为至神矣"。"人但见万物从阴阳日月而生，谓之曰神，殊不知阴阳日月从不神而生焉。不神者何也，至神也。言至道虚静，寂然而不神，此不神之中，能生日月阴阳，三才万物，种种滋荣而获安畅，皆从至道虚静中来，此乃不神之中而有神矣。"李筌主张顺从自然，认为天地间有五行（金木水火土）之气，人们顺五行之气则生，逆五行之气则死。

最终与"至道"合一，就可以穷达本源，掌握宇宙，逍遥成仙。

"鬼谷先生者，古之真仙也"。然而他的弟子却分为两类。这是杜光庭对鬼谷师徒的分类。"苏秦、张仪不慕神仙好纵横之术，时王纲颓弛，诸侯相争，凌弱暴寡，干戈云扰。二子得志，肆唇吻于战国之中，或遇或否，或屯或泰，以辩谲相高，争名贪禄，无复云林之志。"杜光庭借鬼谷

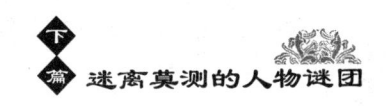

子的话说,这是"河边之树","不得久茂"。他理想的是"嵩岱松柏,华霍之树?上叶凌青云,下根通三泉。上有玄狐墨猿,下有豹隐龙潜。千秋万岁,不逢斤斧之患"。杜光庭对鬼谷子的理解超凡脱俗,独树一帜。

杜光庭,字宾圣,号东瀛子,处州缙云人,一说长安人。唐末五代著名道士。杜光庭学识渊博,曾说:"余初学于上庠,书笈皆备,一月之内,分日而习,一日诵经书,二日览子史,三日学为文,四日记故事,五日燕闲养志,一月率五日始,不五七年经籍备熟。"咸通年间,应举不第,入天台山修道,师从应夷节,为司马承祯五传弟子。唐僖宗闻其名,召至京,出入禁中。封麟德殿文章应制。中和元年,黄巢攻占长安,杜光庭随僖宗入蜀。奉诏到青城山致祭,修灵宝道场,周天大醮。决心以青城山为中心重振道教。光启元年,僖宗返京,杜光庭辞官退隐,居青城山白云溪,潜心修道。昭宗大顺二年,壁州刺史王建攻取成都,昭宗天复三年,封王建为蜀王,天佑四年,王建在成都称帝,史称前蜀,邀杜光庭为皇子师,封谏议大夫,户部侍郎,赐"广成先生"。光天二年,王衍即位。乾德三年,封杜光庭为"传真天师"、崇真馆大学士。蜀相徐光涛向杜执弟子礼,遇事则来山中请教,人称杜光庭为"山中宰相"。长兴二年,杜光庭羽化,享年84岁。杜光庭能圆融各派教义,成为一代宗师,人称"词林万叶,学海千寻,扶宗立教,天下第一"。其著述有教理、方志、仙话、传奇,规范道教科仪及音乐,搜集整理散佚的道经。著述共三十多部,二百多卷,如《道德真理广圣义》、《太上老君常说清净经注》、《三洞藏》、《道门科范大全》、《青城山记》、《武夷山记》、《城集仙录》、《王氏神仙传》、《虬髯客传》、《玉函经》、《治水记》、《录异记》等。

儒家圣人孔子：身世迷离难定论

孔子是我国古代伟大的哲学家、思想家、教育家，儒家学派创始人。孔子的思想及学说对后世产生了极其深远的影响。孔子的身世是怎样的呢？

孔子身世之谜

孔子的远祖是宋国贵族，殷王室的后裔。周武王灭殷后，封殷宗室微子启于宋国。由微子经微仲衍、宋公稽、丁公申，传至第四世泯公共。泯公长子弗父何把国君的位置让给了其弟鲋祀。弗父何为卿。孔子先祖遂由诸候之家转为公卿之家。弗父何的曾孙叫正考父，连续辅佐宋戴公、武公、宣公，以谦恭著称于世。

据考证，孔子的六代祖叫孔父嘉，是宋国的一位大夫，做过大司马。"孔父"是他的字。按周朝礼制，大夫不得祖诸侯，"五世亲尽，别为公候"，所以其后代就以孔为姓氏了。

后来宋太宰华父督作乱，弑宋殇公，杀孔父嘉。其子木金父为避灭顶之灾，逃到鲁国的陬邑，也就是曲阜。从此，孔氏在陬邑定居，变成了鲁国人，卿位也失去了，下降为士。也就是说，从此便失去了奴隶主贵族的世袭地位。

孔子的曾祖父叫防叔，曾任鲁防邑宰。祖父伯夏的事迹无考。孔子的父亲叫叔梁纥，叔梁为字，纥为名，是一名武士，以勇力著称，建立过两次战功，曾任陬邑大夫。叔梁纥先娶妻施氏，生9女，无子。又娶妾，生一子，取名伯尼，又称孟皮。孟皮脚有毛病，叔梁纥很不满意，于是又娶颜征在。当时叔梁纥已经66岁，颜征在还不到20岁。颜征在生孔子。

鲁襄公二十二年，孔子生于鲁国陬邑昌平乡（今山东曲阜城东南）。因为父母曾为生子而祷于尼丘山，故名丘，字仲尼。因为上面还有个哥哥，所以也称孔老二。

几千年来，曲阜流传着孔子生于尼山的传说。

相传，孔子父亲叔梁纥与母亲颜征在尼山祈祷，盼望生个儿子，果真生了儿子。颜征在生孔子的时候，就听得天空一阵鼓乐齐鸣，不多时，就见从空中飞来一只玉麒麟。口衔玉帛，玉帛上写道："天遣奎星下凡，以振兴于周。"稍倾，玉麒麟腾云而去。孔子出生以后，相貌丑陋，头顶如反盂，中间低四周高。面有"七露"：眼露筋、鼻露孔、耳露轮、嘴露齿。因为眼、耳、鼻都是双露，所以称"七露"。颜征在以为是怪物，就将他

弃于山洞中。这时，来了一只老虎为他哺乳。暑天，山洞中闷热，又飞来了一只老鹰用翅膀为他扇风。后来，母亲才将他抱走。所为孔子有"凤生虎养鹰打扇"之说。

那山洞就是现在人们所说的尼山夫子洞，又名坤灵洞，至今仍在，洞门旁立一石碑，上刻"夫子洞"三字。

孔子3岁时，叔梁纥去世，孔家成为施氏的天下，施氏为人心术不正，孟皮生母已在叔梁纥去世前一年被施氏虐待而死，孔子母子也不为施氏所容，孔母颜征在只好携孔子与孟皮移居曲阜阙里，从此他跟随母亲过上了贫穷的生活。孔子17岁时，孔母颜征在去世。

孔子少年发奋自学，勤而好问，青年时代便掌握了参与贵族政治必须熟悉的礼、乐、射、御、书、数六艺，进而掌握了《诗》、《书》、《礼》、《乐》、《易》、《春秋》六经的内容，为创立儒家文化奠定了基础。

孔子30岁设学授徒，开始了漫长的教育生涯，他首开中国私人讲学、面向民众，提倡"有教无类"之风，成为中国第一位，也是世界上第一位伟大的教育家。

孔子51岁时，才做了中都县令，后来曾在鲁摄相事，鲁国大治。然而时间不长，他便辞了官，离开鲁国开始了他长达14年的周游列国之行。

孔子在68岁时回到鲁国，他把几乎全部精力放在了教学和文献整理上。

鲁哀公16年，孔子73岁，患病，不愈而卒。

在传言说孔子是"野合"而生。孔子到底是不是"野合而生"的私生子呢？我们还是先来给孔子正一下名吧！应该承认，说孔子"野合而生"

还是有根据的。这个根据就是司马迁的《史记·孔子世家》。司马迁是这样说的："纥与颜氏女野合而生孔子"。这句话里的"纥与颜氏女"就是孔子的父亲叔梁纥与母亲颜征在。这句话里的确存在"野合而生孔子"的话。"野合"一词按今天人们的理解，就是不轨男女在野地里乱搞男女之事，如此乱搞生出的孩子自然叫"私生子"。

很可惜，以我们今天对"野合"的解读，强加给2000多年前的司马迁，强加给孔子，令人啼笑皆非。因为司马迁那个时代讲"野合"完全是另外一回事。孔子出生的春秋时代是很讲究周礼的时代。之后的几百年间，尽管出现了"礼崩乐坏"、"焚书坑儒"，但到了司马迁生活的汉武帝时代，"罢黜百家，独尊儒术"，又开始了尊礼尚礼之风盛行的时代。凡合乎礼仪规定的行为，都称为"文"，即有君子文质彬彬之说；而不合礼仪规定的行为，都称之为"野"，即野蛮、野人的行为之意。"合"是"合卺"的意思，男女成婚称为合卺。这样我们就清楚了："野合"是指不合礼仪规定的成婚，绝不是指在野地里行男女苟合之事。这与我们今天对"野合"的理解风马牛不相及。

那么司马迁为什么称孔子父母成婚为"野合"呢？或者说称为"不合礼仪规定的成婚"呢？孔子父母成婚难道真的不合礼仪规定吗？

了解一下孔子家史就知道了。孔子的父亲叫叔梁纥，年轻时娶妻施氏，生有9个女儿。按礼仪规定：女儿是不能继承家业、不能祭祀祖宗的，必须由儿子来祭祀。于是叔梁纥为了生儿子，又纳一妾。果然生了个儿子，但却是个瘸子，起名孟皮。孟是老大的意思，皮就是"跛"字，就是瘸子的意思。（古人有按男孩排行的习俗，所以孔子排行老二，是因为

上面有个哥哥孟皮。）按照礼仪规定：瘸子也是不能祭祀祖宗、继承香火的。不久，小妾带着孟皮离开了孔家。这让叔梁纥非常伤脑筋。那一年叔梁纥已经过了65岁。后来，叔梁纥妻子施氏去世。他为了继承香火，才又明媒正娶了颜家16岁的颜征在为妻。一年后，孔子降生。应该说，孔子的父母没有任何错误。那么，为什么司马迁却说"野合而生孔子"呢？

古代没有婚姻法，结婚年龄是由礼仪规定的。礼仪规定：男子从16岁到64岁可以结婚，女子从14岁到49岁可以结婚。如果低于或超过这个年龄段，都属于不符合礼仪规定。为什么这么规定呢？是有生理依据的（这个依据与《黄帝内经》不谋而合）。"女子七月生齿，七岁毁齿，二七一十四岁阴道通。七七四十九岁阴道绝。"意思是说：女孩子出生7个月就长乳牙了，到7岁就换完了乳牙，14岁就来月经了，就有了生育能力，49岁就绝经了，就丧失了生育能力。所以礼仪规定女子14岁到49岁可以结婚。"男子八月生齿，八岁毁齿，二八一十六岁阳道通，八八六十四岁阳道绝。"意思是说：男孩子出生后8个月长乳牙，8岁就换完乳牙，16岁生殖系统就成熟了，64岁生殖系统功能完结。这里还要说明一下：古人结婚的主要目的就是为了传宗接代、延续祖宗香火。所以礼仪规定男子16岁到64岁可以结婚。

叔梁纥是过了65岁与颜征在结婚的，超出了礼仪规定的上限64岁。因此，不合礼仪规定。司马迁如实记载了这件事，就将孔子的父亲这种不合礼仪规定的结婚称为"野合"。"野合"在2000多年前也是一个贬意词组。这正说明作为太史公的司马迁记录历史一丝不苟，秉笔直书，不为圣人隐瞒丑事。

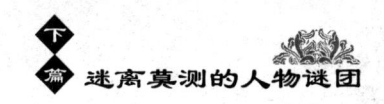

从上面的分析中，我们可以确信孔子不是私生子。所谓"野合"，无非是孔子父亲再娶的年龄超过了64岁，违反了礼仪规定而已。

从布衣到圣贤

孔子的第一份工作是做"委吏",就是仓库保管员。第二个职业干是"乘田",就是帮人家管牛羊的。这两个职业,让他较早接触到了民情民生,学习了管理。

当时孔子地位低微,但志向远大。年级尚小的孔子始终不忘要振兴家族,振兴那种失掉的文化。所以,孔子十五有志学,学习是孔子成才的一个重要的道路。他从六义,即礼、乐、射、御、书、数开始学习。

孔子的学习,有着独特的方法。孔子曾经拜当时鲁国最有名的乐师为师,刻苦学习弹琴。老师教了他一个曲子,孔子就反复弹,老师说:"孔子啊,你已经会了?"孔子说:"老师,我会了。"老师说:"你会了,为什么还在弹啊?"孔子说:"我要把技巧学会。"于是孔子继续弹这个曲子。又练习了一段时间,老师感到奇怪,就问孔子:"你不是学了、会了、有技巧了,为什么还反复在那儿呢?不愿意我教你新的曲子呢?"孔子笑了笑说:"老师,有技巧是对的,但是我还想知道,这个曲子的神韵和志向。"最后孔子对老师说:"我想出来了,应该是文王作的曲子。"老师大吃一惊,向他拱拱手,说:"你说得一点都不错五,这正是《文王

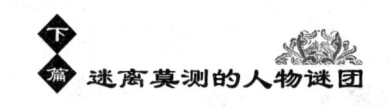

曲》。"

孔子的学问非常渊博。有一次，孔子带着一帮学生外出。大家一看，今天天气晴朗，老师怎么一个人带一把伞啊？孔子笑了一笑说："你们不知道吗？今天肯定要下雨啊。"果然，走了没多远，天变了，下起雨来。那个时候，孔子就懂得观天象，知晴雨了。

在年轻的时候，孔子已经表现出出众的才能，这个为他日后成就大业打下了基础。

孔子30岁的时候，成为了一个自由职业者，他回乡开始兴办私学，相当于现在的民办学校。以实现他教书育人、传播文化的志向。在中国历史上开创了私人办学的先例。

孔子在银杏树的下面开始教学，所以后来把教坛叫做杏坛。

为了让更多的人接受教化，孔子实行的是"有教无类"和"弹性学费制"，孔子收的是"束修"，就是干肉，普通学生来拜师要提十条干肉，但家里确实有困难的也可以酌情减免。这样可以让平民受到教育。

由于孔子学问高明，教学质量也受到大家认可，当时的学生没有文凭，也不包分配，但孔子教出来的学生，大家都抢着要用，许多学生毕业后都受到重用，成就了自己的事业。因此很多其他地方的人也慕名而来求学。

据说当时鲁国的一位领导人，在国事访问时因为不懂礼，而失礼于人，临死前告诫他的两个孩子，一定要认真学礼，并且一定要向最懂得礼的孔子学习。可见孔子当时虽然是民间办学，但名声已经振动了贵族阶级。有的贵族甚至不去上官学，也要跟孔子学习。

孔子学问好，但到了 51 岁才做了中都宰，相当于现在的一个县长。由于孔子管理有方，将当地治理得很好，一年以后四方择之，就是其他县的领导都来向他学习，成了当时的样板县，孔子因此很快升官，先是做了司空，主管建筑。然后做了大司寇，相当于司法部长，公安部长的地位。最后甚至做了代总理。

孔子做大司空，大司寇的时候，据说三个月，就把治安管理得井井有条。第一，平抑物价，稳定市场。凡是卖猪的，卖羊的，价格不允许乱涨。第二个，就是男女不同路行。男走男道，女走女道，互不相碰。没有任何的接触。第三个，路不拾遗。哪怕钱包丢在路上了，也没有一个人敢拿的。

孔子的政治才能，是得到了充分的展示。这个时候，齐国就害怕了，齐景公从齐国挑选了八十名漂亮的少女，都穿上了华丽的服装，而且都会跳很多漂亮的舞蹈。还将一百二十匹马送给鲁君。鲁君一开始，在孔子劝说之下，还有所克制，有所警惕，知道这是美人计，但是后来，他慢慢就忍不住，偷偷要去偷窥一下这些美女们。到后来就干脆，加入到美女的娱乐当中去了，由此就渐渐远离了孔子。因此孔子最后就选择了离开。开始了颠沛流离，周游列国的旅程。

孔子在 70 岁的时候才回到鲁国。开始整理中国的古代文献，还有精心地培养学生。

孔子在 73 岁寿终。他一生言传身教，培养了 3000 学生，更深刻地影响了 2000 多年中华的思想和文化。

司马迁说，孔子就像巍巍高山，使人敬仰。孔子的学问、礼仪，就像

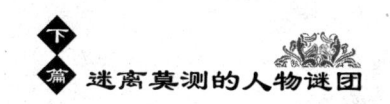

大道，使人们能够珍惜。他说我虽然不能到达这种境界，但是我的心灵向往者。

孔子是个圣人，也是个普通人。他是圣人，巍峨耸立，为万世师表；他是俗人，可爱率真，留下许多轶闻趣事。

孔子带弟子先到了卫国，卫灵公开始非常尊重孔子，按照鲁国的俸禄标准发给孔子俸粟6万，但并没给他什么官职，没让他参与政事。孔子在卫国住了大约10个月，因有人在卫灵公面前进谗言，卫灵公对孔子起了疑心，派人公开监视孔子的行动，于是孔子带弟子离开卫国，打算去陈国。

路过匡城时，因误会被人围困了5日，逃离匡城，到了蒲地，又碰上卫国贵族公叔氏发动叛乱，再次被围。逃脱后，孔子又返回了卫国，卫灵公听说孔子师徒从蒲地返回，非常高兴，亲自出城迎接。此后孔子几次离开卫国，又几次回到卫国，这一方面是由于卫灵公对孔子时好时坏，另一方面是孔子离开卫国后，没有去处，只好又返回。

鲁哀公2年，孔子离开卫国经曹、宋、郑至陈国，于是派服劳役的人将孔子师徒围困在半道，前不靠村，后不靠店，所带粮食吃完，绝粮7日，最后还是子贡找到楚人，楚派兵迎孔子，孔子师徒才免于一死。孔子64岁时又回到卫国，68岁时在其弟子冉求的努力下，被迎回鲁国，但仍是被敬而不用。

孔子的家境相当贫寒。由于身处乱世，孔子所主张的仁政没有施展的空间，但在治理鲁国的三个月中，使强大的齐国也畏惧孔子的才能，足见孔子无愧于杰出政治家的称号。政治上的不得意，使孔子将很大一部分精

力用在教育事业上。孔子曾任鲁国司寇，后携弟子周游列国，入东周向老子请教。最终返回鲁国，专心执教。孔子打破了教育垄断，开创了私学先驱，弟子多达三千人，其中贤人七十二，便是著名的七十二贤士。72人中有很多为各国高官栋梁，又为儒家学派延续了辉煌。这"七十二贤士"中，又数颜回，是孔子最爱的弟子。

孔子所处的东周王朝春秋时代，西周社会以血缘氏族为基础的政治制度崩溃瓦解，而基于文化认同的汉民族共同体正在形成。这是中国人的文化自觉最初发生的年代，古典成为时尚，一些人开始思考天道、人生和世界秩序等方面的问题，原先由贵族所垄断的文化教育也正逐渐流入民间。孔子正是这种时代精神的代表人物与集大成者，遂开战国诸子百家之先河。

孔子是一位伟大的教育家。他创办私学，提出'有教无类'的口号，在古代率先打破'学在官府'的贵族垄断文化格局，提倡在平民阶层中普及文化教育，而且身体力行。孔门师生在社会上产生很大影响，一时成为显学，形成了中国古代的第一个学派的'儒家'。

在长期的教学实践活动中，孔子积累和总结了很多教学经验。他主张因材施教，根据学生的不同特点分别指导。他提出'不愤不启，不悱不发'的启发式教学方法，就是说不到学生百思不得其解的时候，不要轻易告诉他现成的答案。他还提出了许多至今仍有价值的教学箴言：如'学而时习之，不亦说乎'，强调温习的重要性；'学而不思则罔，思而不学则殆'，强调学思结合；'知之为知之，不知为不知，是知也'，强调端正学习态度；'三人行，必有我师焉，择其善者而从之；其不善者而改之'，

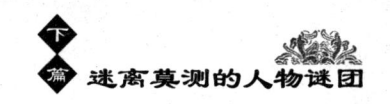

主张不耻下问，善于向别人学习。

孔子还搜集和整理了中国古代的文献《诗》、《书》、《礼》，删修了鲁国史书《春秋》，晚年又读《易》，对中华上古文化的保存和传承做出了重大贡献。

孔子嫡传后人之谜

世人皆知，孔子的家庙在山东曲阜，衢州怎么会有？孔子嫡长孙怎会在衢州？"南朝四百八十寺，多少楼台烟雨中"。这里有一段被湮没的历史，有一位值得称道的人……清朝兵部尚书李之芳《清康熙衢州重修孔氏家庙碑》云：孔氏之家庙者遍行天下，唯曲阜衢州耳。

可是，浙江衢州怎么会有孔氏家庙？

据《衢州孔氏南宗家庙志》记载，建炎二年，宋高宗赵构在扬州祭天，孔子第48代嫡长孙、衍圣公孔端友奉诏陪祭。此后，金兵大举南侵，淮扬危急，高宗君臣仓皇南渡。建炎三年正月，高宗驻跸临安（杭州），因孔端友率近支族人扈跸南渡有功，赐家衢州建家庙。南宋时期，南宗孔氏有六代袭封为衍圣公，衢州也成了当时儒学的活动中心，朱熹的闽学、两陆的心学和吕祖谦的浙东学派，如众星捧月般围绕着衢州。许多孔氏子孙走向民间，活跃于东南诸省，为儒学南渐做出巨大贡献。

元世祖忽必烈统一中国后，令南宗孔子第53代嫡长孙孔洙从衢州北迁，载爵去曲阜奉祀。

接诏后，孔洙即进京见驾，向元世祖面陈两难心境。他说，衢州已有

5代坟墓，若遵皇上诏令北迁，自己实不忍离弃先祖的坟墓；若不离弃先祖庙墓，又将有违圣意。孔洙表示，愿将自己的衍圣公爵位让给他在曲阜的族弟世袭。元世祖不禁称赞孔洙"宁违荣而不违道，真圣人之后也"。这样，由衢州孔氏南宗的礼让，曲阜孔治获得"衍圣公"世袭爵位。

八百多年的风雨斜阳、战火硝烟，孔氏家庙虽屡废屡兴，但衢州孔氏家庙的建制，一直按南渡家庙的规制，并一直保留着思鲁阁，表达了强烈的思乡之情，内容极为丰富。

有学者认为，衢州孔庙同时具有官庙和家庙两种身份。它的官庙身份虽比不上曲阜孔庙显赫、荣耀，但其家庙身份当不在曲阜的孔氏家庙之下。只是因让去爵位后，南宗社会地位日衰，以至沦为平民，南宗孔庙也日渐衰败，远不如北宗保存完好，故世人后来只知北宗曲阜孔庙。

孔洙让爵后，南宗的正宗地位被淡化。为免日后南宗子孙与北宗夺嫡，当时朝廷专门制订了衢州孔氏家规，言明曲阜北宗袭封千年不易，如南宗妄起争端，将被"置之重典，永不叙录"。这样，南宗地位一落千丈，逐渐衰败。岂不知爵位可让，而嫡长孙的血脉是无法移让的。幸好明朝时衢州知府曾上奏："衢州圣裔自孔洙让爵后，衣冠礼仪同氓庶。"请朝廷重新授爵。

曲阜的衍圣公及后之奉祀官是孔洙让爵后，源于元明清三代皇帝的封授，今天享受着很高的政治待遇，而在衢州的孔子嫡长系子孙却一度被历史遗忘，后虽复爵，政治待遇却大相径庭。

孔子的死亡

几乎所有的史学家都认为孔子是病死的，那么孔子到底是得的什么病而去世的呢？我们从《论语》中并没有看到孔子死前对自己症状的描叙。只知道有一次孔子生病了，子路为他祷告，孔子知道后说：我早就祷告过了。这说明孔子对自己的病比较了解，不是很危重。《论语》一书对孔子的言行记录非常详细，就连"始作俑者，无其后乎。"这样近似泼妇骂街的话都记录在册。为什么就没有孔子病情的记录呢？只有一种解释，那就是孔子不是病死的。会不会是意外死亡呢？雷击，溺水，阵亡，中暑，冻伤等等没有任何记载，何况孔子死于4月11日，当时春意盎然，阳光明媚，鲁国歌舞升平。意外死亡近乎荒唐。是不是他杀呢？孔子虽然有政敌，晚年做官也可能得罪了有些人，可孔子为官清廉，又有谁去谋杀一个七十多岁的老人呢？更何况孔子德高望重，弟子数千，谋杀谈何容易？谋杀之说没有根据，不能成立。有没有可能自杀？孔子一生多灾多难，然而孔子意志坚强，从未放弃过理想。何况他胸怀博大，智慧如海，自杀没有任何理由。那么孔子到底是怎么死的呢？孔子死前到底做了哪些事呢？

公元前479年4月11日，孔子终于完成了《春秋》这篇倾注了自己

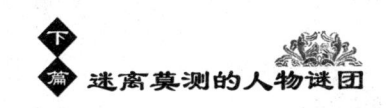

毕生心血的历史巨著。为了预测这篇文章的后世评论，孔子占了一卦。突然他面色铁青，仰天长叹："没有人知道我呀，没有人知道我呀。"随后倒地，呼吸、心跳停止，没有留下任何遗言。

孔子既非病死，亦非自杀。更不是死于意外和他杀。他的死亡原因到底是什么呢？

对于孔子之死，谨在对圣人充分敬意的同时持有悲剧的推测：孔子当时虽被尊为"国老"，但他对伦理正义矢志不渝的顽强执守，却成为当政权贵的困扰重负，不仅不被启用，还遭到打击厌弃，最后郁郁悲抑，弃食七日而终。

我们先看看孔子归国后都做了哪些让当政权贵堵心怨恨的事。

鲁哀公问政，孔子答以"政在选臣。举直错诸枉则民服，举枉错诸直则民不服"，以此表明孔子将政治成败的责任皆归源于在上者的公正清明。举用正直之人，废弃邪枉之人，让公正压制着错误，民就会信服；反之，邪枉之人当道，让错误压着公正，则民众必然不会信。这就对上位者的识人用人能力和德行修养提出了高标准和严要求。那么接下来，对一个人的当前道德判断并不能保证长期有效，一个原来忠厚的人，当了官之后可能变节腐化、劣迹斑斑，这又该怎么办？季康子问政，孔子答以："政者正也，子帅以正，孰敢不正？"孔子再次把为政责任的准绳系在了上位者的言行上。他更明确地主张上行下效，在上位者更要加强自己的道德品质修养，言行皆为示范，这样实质上就用上位者对下位者的表现期望制约了上位者自身，限制了自上而来的特权意识和享乐奢靡。这种政治见解岂是鲁国君臣愿意尊奉的？

季康子想提高赋税，派冉求征求孔子意见，孔子反对加重剥削，主张施取厚事、举中敛从薄；次年，鲁提高一倍田赋，冉求为季氏聚敛，孔子斥责说："非吾徒也，小子鸣鼓而攻之可也！"由此可见，孔子不仅不为聚敛说话，还要求自己的众多弟子谴责、攻击这些政策的作俑者，其见之明、其意之坚可见一斑，也可想而知，他有多不得贵族待见。

孔子晚年在鲁，修订春秋，借助历史事件来表现他的思想主张和政治理想。鲁《春秋》原是鲁国的史官按事件的时间顺序，依次记录鲁国和其他国家发生的事件。而孔子对每件具体之事，非重在事情本身的实际情况，而是写他认为事情应该怎样，以体现"正名"的主张。这便冲破了流水账似的史书记录藩篱，首创以事达意或以古鉴今的新史学，表面为记史，实为记录政治，评判伦理。字寓褒贬，不佞不谀，词微指博，以事名义，即庄子所说："《春秋》以道名分。"孔子作《春秋》有着明确的政治意图。他忧惧当时的君臣相戮、父子相残、礼崩乐坏、名分不存的现实，有意拨乱反正，惩治乱臣贼子，从而"理往事、正是非、见王公"。孔子不止于对历史事件做书面文章，孔子还将此君臣上下伦理标准衡量时政，并主张有所作为。夏六月，齐国陈恒弑杀简公，孔子请鲁哀公及三桓讨伐陈恒，以正君臣之义，上下皆不同意，由此，孔子在鲁国朝堂之上越发处境孤立。

鲁国内外既得利益者对孔子极尽所能行打击报复之事：第一，公元前481年，鲁国君臣沉瀣一气，"西狩获麟"，意欲让孔子闭嘴淡出。孔子说："吾道穷矣！"遂停笔，乃致闭关。麟为何物？《广雅》云："麒麟，狼头，肉角，含仁怀义，音中钟吕，行步中规，折旋中距，游必择土,翔必有处,不履生虫,不折生草,不群不旅,不入陷阱,不入罗网,文章斌斌。"由此可见,麒麟是世间罕见的神兽、仁兽,是太平盛世、圣人(孔子)在位的象征。哀公见此兽非但不敬不喜,反捕获之认为其不详,其暗中表达的是对孔夫子的厌倦嫌弃和辱没打击。为此,孔子的心情是相当悲痛的,他仰天嗟叹道:唐虞世兮麟凤游、今非其时来何求?麟兮麟兮我心忧。他深感生不逢时,遍访列国诸侯却未见明君,归鲁多时却仍被闲置不得识用,不禁感怀自己和此麟同病相怜,难免心灰意冷、伤心绝望,而这似乎正是鲁国君臣获麟作秀之目的。第二,孔子编订《春秋》而"乱臣贼子"惧,所谓的"乱臣贼子"便将杀死孔门弟子作为残暴的回应。公元前480年冬,卫国政变,蒯聩逐其子出公辄而自立,子路当时为卫大夫孔悝邑宰,闻听入其家斥责蒯聩,正冠受难,最后被剁成了肉酱。孔子闻听后,异常哀伤,命左右将尚未食用的肉酱尽数倒掉,并且痛苦地说:"吾何忍食此!"子路是孔子常批评也常表扬的一个著名弟子,应是弟子中最年长者、武力最强者,性格直爽、勇敢、信守承诺、忠于职守,深得孔子的喜爱甚至是依赖,他们既是恩情深厚的师徒,又是情意笃实的朋友。子路惨遭杀害,对孔子来说,不啻晴天霹雳,无疑又是一个极其猛烈的打击。

在最后几年的时间里,孔子至亲家人先后离去,也使得这位六旬老人分外悲伤、孤寂。先是哥哥、妻子,后是儿子、儿媳等亲人的相继去世;再加上颜回、伯牛等爱徒的病亡……这些巨大的悲痛啮噬着圣人的心;而鲁国君臣沉瀣一气,麻木不仁,更使得圣人理想抱负施展无望。哀莫大于心死,"泰山其颓乎,梁木其坏乎,圣人其萎乎!"这是孔子决意去世之

前留给后人的绝句。

在很少的关于孔子最后7日的记载中，对孔子的弃世也是有一些印证的。孔子唱完了这三句挽歌便进去了，对着门坐在那里。子贡快步走了进去，孔子说："赐！汝来何迟？……夫明王不兴，则天下其孰能宗余？余逮将死。"遂寝病，七日而终。此一句"余逮将死"，言出孔子对自己的死有明确预知，抑或已经决意为己所掌控？另外，他在生命的最后日子里，卧榻七日不食不语，这与自尽何异？这七日中既无医师问诊，又无君臣国人探望，之后也无其他任何记述，很令人对孔子的死因疑窦丛生：孔子在这七日中有什么未了意图和期待之情？不由得想起孔子因膰去鲁时，也是这样一等再等：季桓子、鲁君往观齐女乐，怠于政事。子路催行，孔子却要等待鲁郊致膰乎大夫；桓子等卒受齐女乐，三日不听政，郊又不致膰俎于大夫。孔子遂行，仍宿乎屯，迟迟而行却只等来了师己相送。孔子长歌流连，终不得已而离鲁。这次，孔子决意要离开的，却是这个让他痛感生不逢时、深深失望的世界，如何不更加流连更加期许？只是不幸的是这次连"师己"也不曾等来。

所幸的是此时孔子有爱徒子贡陪伴，可是这七日对于师徒二人又何其漫长？孔子死后，独独子贡愤激万分，他怒斥鲁君为何在孔子生前对其冷落孤立、在其死后方来惺惺作态，并对鲁君的重用之邀断然拒绝，执意在孔子墓前守孝六年方才离去！是怎样巨大的悲怆刺激着这个以巧言善辩、理智冷静著称的男子？是看到一个伟大的生命抽丝剥茧般离开躯体消失远去的悲郁无奈和痛苦煎熬、亲眼目睹一代宗师壮志未酬盼君君未至而决绝离去的黯然销魂与凄凉憾恨吗？另一位为师墓守孝三年而

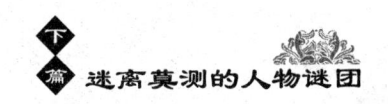

辞决季氏高官的还有冉求。是一种学生高官厚禄而老师绝食而终的愧疚在折磨着他吗？还是之于君王大夫对恩师最后的冷酷绝情、无法平衡学生内心不堪惹上骂名？

幽寂的孔林与喧噪的孔庙、孔府给人完全不同的感受。这里安息的是一个对我们民族思想文化影响最大的伟人。

圣人孔子三代"出妻"之谜

孔子对婚姻有许多论述，那么他自己和子孙们的婚姻状况又如何呢？

历史上对孔子的婚姻记载不多，三国时的《孔子家语》始言"孔子娶于宋亓官氏之女"。实际情况是，孔子十九岁时由母亲安排，娶了宋国的亓官氏，第二年就生了儿子伯鱼，即孔鲤，亓官夫人于鲁哀公十年逝世。孔子家里的前四代是：孔子——孔鲤（伯鱼）——孔伋（子思）——孔白（子上）。

孔子和他的妻子感情如何，史书上没有记载，但是可以分析。孔子结婚时年龄不大，才19岁，又是母亲包办的婚姻，可见是缺乏感情基础的；中国古代社会男女绝大多数是包办婚姻，可是也有夫妻恩爱的典范，如"举案齐眉"、"张敞画眉"等，可以说他们是"先结婚，后恋爱"的，可是孔子连"后恋爱"的机会也没有，他忙于事业，忙于实现他的理想，一生漂泊在外，颠沛流离，妻子十多年来在家中守活寡，也难以与孔子有什么感情上的培养与交流，所以后世有些学者认为，孔子爱弟子要远甚于爱他的家庭，这是有道理的。

孔子对妻子的态度也可以从一件事上看出来，《礼记·檀弓上》记载：

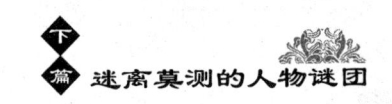

伯鱼之母死，期而犹哭。夫子闻之曰："谁与哭者？"门人曰："鲤也。"夫子曰："嘻，其甚也。"伯鱼闻之，遂除之。

这是说，伯鱼的母亲亓官氏死后，已满了一周年，他还在那里哭，孔子听到了，问谁在那里哭，弟子说："是孔鲤。"孔子说："他也太过分了。"伯鱼知道了以后，就除去丧服不哭了。

以上情况多少说明了一些感情上的问题，不过有一个十分重要的情况是，孔子的妻子最终是离他而去的。对此，《孔子家族全书·家族世系》有一段是这样记载的。

孔子的妻子离孔子而去，说明孔子的家庭生活并不幸福。孔子出妻之事后世儒家讳之甚深，有关史料很少。只是由《礼记》中的一段话推定孔子曾经离过婚。……孔子说女人"近之则不逊"，大概是指南子而言；而"远之则怨"大概是指妻子而言。孔子一生漂泊流离，时常不以家为念，尤其是晚年自鲁辞官以后，一去竟十四年之久。妻子一人独守空房，难免由怨而恨，以至离家出走。伯鱼之母约死于公元前485年，伯鱼为母亲服丧一年期满后，念及母亲一生的不幸仍禁不住落泪，孔子则很不以为然。公元前479年，孔子去世。《礼记》载弟子为孔子营墓之事甚详，却不见有合葬孔子夫妇的记载。东汉以前的史料也无道及孔子妻子姓名的。三国时《孔子家语》始言"孔子娶于宋亓官氏之女"。

还有一份资料，也说明了一些问题，这是《礼记·檀弓上》：子上之母死而不丧。门人问诸子思，曰："往昔子之先君子丧出母乎？"曰："然。""子之不使白也丧之，何也？"子思曰："昔者吾先君子无所失道。道隆则从隆，道污则从污。伋则安能？为伋也妻者，是为白也母。不为伋

也妻者，是不为白也母。"故孔氏之不丧出母，自子思始。

这是说，孔子的第四代（曾孙）叫子上，即孔白，他的母亲（孔子的孙媳妇）离婚后死掉了，子上没有戴孝。弟子们问子思："从前你的父亲孔鲤不是给和他离过婚的母亲戴过孝的吗？"子思说："是的。"弟子又问："那么你不让孔白戴孝，是什么原因呢？"子思说："从前我的父亲并没有失礼的地方，依礼而行，该隆重的就隆重，该降减礼仪的就降减，我怎么能做到呢？如果是我的妻子，这个人也就是孔白的母亲；如果不是我的妻子了，那也不再是孔白的母亲了。"

以上"门人问诸子思，曰：'生昔子之先君子丧出母乎？'"这"出母"二字就是"离了婚的母亲"，看来亓官氏和孔子离婚，确有其事。不过，后世有些学者为此百般辩解，因为这件事违背了"从一而终"的原则，后世把离婚看成是很不光彩的事情，"离婚无好人，好人不离婚"，"宁拆一座庙，不拆一对婚"，所以就要"为尊者讳"了。

孔子的儿子伯鱼、孙子子思也有出妻的事情。

伯鱼，即孔鲤，年五十就死了，先于孔子。有些人认为，伯鱼也曾经出其妻，如《阙里述闻》记载：伯鱼前妻无德。孔子责伯鱼曰："女为《周南》、《召南》矣乎？人而不为《周南》、《召南》，其犹正墙面而立也欤！"伯鱼闻教，益修其身。妻不可化，乃出之。后妻贤，生子伋。未几伯鱼卒，守节抚孤。

这一段记载很有意思。据历史记载，在孔子的后几代子孙中，伯鱼是个相对平庸的人，他不如他的儿子子思那么有名，子思作《中庸》，在中国文化史上留下了光彩的一笔。也不如子思的儿子孔白，即子上，子上活了47岁，一生专心治学和修身，平淡而达观。伯鱼的第一个妻子德行差，孔子责备了他，说他没有把妻子管教好，伯鱼接受了教训，努力修身，但是这个妻子改造不好，伯鱼就和他离了婚。后来娶了后妻，后妻很贤惠，子思就是后妻生的，不久伯鱼去世，这位后妻没有改嫁，守节把子思抚养长大。

《礼记·檀弓下》则记载：子思之母死于卫。赴于子思。子思哭于庙。门人至，曰："庶氏之母死，何为哭于孔氏之庙？"子思曰："吾过矣！吾过矣！遂哭于他室。"

从以上这段记载看，子思的母亲是死于卫国的，子思还为之"哭于庙"，有人认为你这个母亲已改嫁他人，为什么还要在孔氏之庙哭她，子思承认自己做得过头了，就到其他地方去哭了。由此看来，伯鱼的前妻是改嫁到卫国去了。

不过，也有一些人认为，从《礼记·檀弓上》的一些文字分析，子思曾为其母办丧事，如果子思之母没有改嫁，就不必由子思来办丧事了。又有人考证出子思还有个哥哥，其兄当为正妻所生，而子思之生母为伯鱼的第二房太太，两房太太并存，并不是出了一个，又娶一个。

事情有些扑朔迷离，不过似乎还是第一种说法更可靠些。

孔子的第三代子思是出妻的，这可能争论较少。子思的儿子子上是前妻所生，前妻是被出的，所以在她死后，子思不许子上为生母戴孝，子思认为，这个女人已经不是他的妻子，也不是儿子的母亲了，所以不同意儿子为"出母"服丧。

以上这些情况说明了什么呢？

它说明了在孔子所处的春秋、战国时期，"出妻"是一件比较平常的事情，完全不像封建后世那样把离婚看得那么严重。

它同时也说明了当时以男性为中心的宗族制度已经很巩固了，女子结婚，就算是男性家族的人了，一旦被"出"，特别是再嫁以后，就脱离这个男方宗族，连自己的亲生儿子对她都不认账了。

不过，到了封建中后世，儒家把离婚看成是极不光彩的事情，所以极力地为圣人掩盖，才把这些事情弄得神秘和模糊起来。

对于"出妻"，孔子是有一定责任的。你是圣人，讲和谐，讲"中庸之道"，怎么没有把自己的婚姻处理好呢？再者，当时社会上盛行父母之命、媒妁之言，孔子对儿子伯鱼的婚事肯定是起了主导作用的，怎么就选上了这个"无德"的媳妇呢？

当然，在这些方面人们是不应该太苛求于孔子的。孔子之所以伟大，并不因为他是"完人"，而主要以他那博大精神的哲学思想传诸后世，极大地丰富了中华文化，并影响了世界。他的学说后来被封建统治阶级篡改并利用了，这不能怪他；他的后代被封为"衍圣公"、变成封建统治阶级的一分子了，可能更是有悖于孔子的初衷的。孔子有许多至理名言流传千古，可是也有一些思想观点上的缺陷，例如歧视妇女，例如"男女授受不亲"，这反映出他那个时代的局限性。

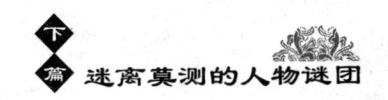

战国美人西施：倾国倾城的谜团

西施曾被派到敌国执行间谍任务，帮助越国国王勾践打败了吴国。但是，2000多年前的美女西施，却给今天的我们留下了太多的未解之谜。

西施浣纱的由来

西施，原名施夷光，春秋末期出生于浙江诸暨苎萝村。

时越国称臣于吴国，越王勾践卧薪尝胆，谋复国。在国难当头之际，西施忍辱负重，以身许国，与郑旦一起由越王勾践献给吴王夫差，成为吴王最宠爱的妃子，把吴王迷惑得众叛亲离，无心于国事，为勾践的东山再起起了掩护作用，表现了一个爱国女子的高尚思想情操。后吴

国终被勾践所灭。吴灭后，西施就失去了音信，关于她的结局有很多种，最有可能的两个结局之一是西施与范蠡泛舟五湖，之二是被越王装进袋子里抛入水中溺死。

施夷光世居诸暨苎萝山（亦名罗山）下苎萝村（今诸暨市城南浣纱村）。苎萝有东西二村，夷光居西村，故名西施。其父卖柴，母浣纱，西施亦常浣纱于溪，故又称浣纱女。西施天生丽质，禀赋绝伦，相传连皱眉抚胸的病态，亦为邻女所仿，故有"东施效颦"的典故。越王勾践三年（前494年），夫差在夫椒（今江苏省吴县西南）击败越国，越王勾践退守会稽山（今浙江省绍兴南），受吴军围攻，被迫向吴国求和，勾践入吴为质。释归后，勾践针对"吴王淫而好色"的弱点，与范蠡设计策，"得诸暨罗山卖薪女西施、郑旦"，准备送于吴王，越王宠爱的一宫女认为："真正的美人必须具备三个条件，一是美貌，二是善歌舞，三是体态。"西施只具备了第一个条件，还缺乏其他两个条件。于是，花了3年时间，教以歌舞和步履、礼仪等。

西施发愤苦练，在悠扬的乐曲中，翩跹起舞，婀娜迷人，进而训练礼节，一位浣纱女成为修养有素的宫女，一举手，一投足，均显出体态美，待人接物，十分得体。然后，又给她制作华丽适体的宫装，方进献吴王。吴王夫差大喜，在姑苏建造春宵宫，筑大池，池中设青龙舟，日与西施为水戏，又为西施建造了表演歌舞和欢宴的馆娃阁、灵馆等，西施擅长跳"响屐舞"，夫差又专门为她筑"响屐廊"，用数以百计的大缸，上铺木板，西施穿木屐起舞，裙系小铃，放置起来，铃声和大缸的回响声，"铮铮嗒嗒"交织在一起，使夫差如醉如痴，沉湎女色，不理朝政，终于走向亡国

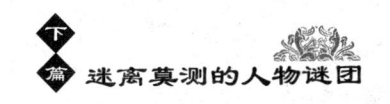

丧身的道路。

在西施由越入吴的路线上，南自诸暨，北迄苏州，所在均有西施遗迹。诸暨苎萝山麓、浣纱江畔尚存浣纱石、浣纱亭、西施滩、西施坊，西施殿等古迹。西施有"沉鱼"之貌，相传西施在溪边浣纱时，水中的鱼儿被她的美丽吸引，看得发呆，都忘了游泳，以至沉入水底。所以后世用"沉鱼"来形容女子的美貌。沉鱼落雁闭月羞花，沉鱼为先。国色天香四大美女，西施居首。西施幼承浣纱之业，故世称"浣纱女"。

后人为纪念这位忍辱负重，以身许国的绝代佳人，就在苎萝山下修建了西施殿。唐开成年间（公元836~840年）著名诗人李商隐写下"西子寻遗殿，昭君觅故村"的诗句；稍后，女诗人鱼玄机又有《西施庙》诗。这些是目前能见到的关于西施殿的最早文字。

关于西施的下落，一说越王勾践丧尽天良，竟在西施归国当晚就要她"伴寝"，也就是要把西施占为己有。这里要插叙一句，历史上的越王勾践是一个很差劲的人，是那种只能"共患难"不能"同富贵"的小人。如果让西施委身夫差还有为国复仇的精神激励，现在让西施伴寝就完全是为了满足勾践的淫欲了。西施自然不愿意陪勾践睡觉，最后以"不能伴寝"的"抗君之罪"被勾践处死。

一说西施在夫差自杀后返回诸暨故里，重过平民百姓生活。可好事的传说者又根据初唐诗人宋之问的《浣纱》诗"一朝还旧都，靓妆寻若耶；鸟惊人松梦，鱼沉畏荷花"的内容，说回到故乡的西施在一次浣纱时，不慎落水而死。

最早把西施与吴越争霸联系起来的是东汉时的两部野史《吴越春秋》

和《越绝书》。后代的人们也对这个传说故事进行了很多的改编和创作，比如元代关汉卿的《姑苏台范蠡进西施》，就是讲述范蠡如何找到西施并向吴王进献西施的故事。

西施故事的集大成者，是明代梁辰鱼的《浣纱记》。《浣纱记》将范蠡和西施悲欢离合的爱情故事和吴越两国的兴亡相结合，编织成一部45出的戏剧故事。因为西施和范蠡初次见面时，以一缕浣纱作为定情之物，所以剧名叫做《浣纱记》。

关于西施与范蠡的真挚爱情，民间传说《西施与金鱼》还有精彩的演绎。

传说吴国灭亡后，西施随范蠡隐居檇李南门湖边。一天，西施忽见湖中两条翩翩起舞的金鱼，不禁思念起家乡苎萝浣纱溪，希望浣纱溪中也有这么美丽的金鱼。范蠡于是想捉住金鱼，以便出门经商时送去。西施不愿将这绝世之物从此取走，决意把金鱼绣到绫缎上。

几天后，《金鱼图》绣成，范蠡出发，西施再三叮嘱他过江涉水时不要颠落急流之中。范蠡打趣地说若《金鱼图》落水丢失，自己愿化作金鱼，游往苎萝。西施说，若范蠡变成金鱼，她也愿投入湖中，化作金鱼随其同去。范蠡走后，西施日夜盼望，仍不见归来。

一天晚上，湖里忽然"哗啦"一声，西施看到湖底泉眼通了，泉水中冲出《金鱼图》和范蠡出门时穿的衣衫，顿时脸色发白。西施早就听说湖底是通海的，这时耳边又响起范蠡临走时的话，于是纵身扑向湖中。

其实范蠡渡钱塘江时，因为船翻落水。《金鱼图》和衣衫都不慎丢失了。范蠡后来被人救起活着回来，可是梳妆台却已经人去楼空了。因为一

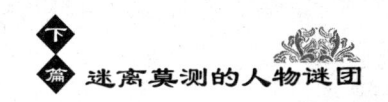

句戏言，西施早已投湖殉情。

不过关于西施真正的结局，现在还是众说纷纭。

有的说西施跟随了范蠡，后来范蠡功成身退后改名为陶朱，并以经商为生，成为中国商人的鼻祖。也有的说，西施在越兵攻入吴国都城的时候，沉江而死。还有传说西施被吴人认为是使得吴国国破家亡的妖孽，于是将她杀死，丢到江中。后来人们在江中发现了一些蛤蜊，都说那是西施的舌头变的，所以蛤蜊也有了西施舌之称。

今天，当人们来到西施的故乡——浙江诸暨的苎萝山时，看着潺潺流过的浣纱溪，望着溪边石头上著名书法家王羲之所题写的"浣纱"二字，都会不由得静下来，想想这位貌美的女子所经历的坎坷人生。

西施最终归宿之谜

西施是我国古进时候一位绝代佳人，她的故事在民间流传很广，西施原名夷光，是战国时代越国苎罗山施姓樵夫的女儿，因家住西村，所以叫西施。她长得红颜花貌，芙蓉之姿。

当时，吴王夫差为报杀父之仇，领兵打进了越国。越军被打败，越王勾践作了战俘，越国大夫范蠡作为人质跟随越王夫妇到吴国做奴隶。三年以后，吴王夫差放回了勾践夫妇和范蠡，勾践回国以后，卧薪尝胆，准备十年生聚，力图报仇雪耻。他采用范蠡所献美人计，把西施献给吴王夫差。西施凭她倾国倾城之貌和高超的琴棋歌舞，致使吴王日日深宫醉不醒，沉迷酒色，不理朝政，在她的内应下，勾践终于灭吴复国。

历来，由于在评书、文学作品、民间传说及戏剧中，把西施作为爱国爱民、勤劳朴实、美丽动人的古代妇女形象广为传颂。特别是把西施塑造成春秋末期吴越关系史上起过重大作用的一位女性加以渲染后，西施的优美传说在民间更是世代流传不衰。

但是，近年来，有些史学工作者撰文认为，历史上实无西施其人，他们的依据：在先秦诸子著作中就已屡见"西施"之说。如《管子·小称》

篇中就载有"毛嫱、西施,天下之美人也"。该书作者管仲系春秋初期人,可见,"西施"至少比勾践早出生200多年,管仲怎么能够说到200多年后的西施呢?又据《庄子·齐物论》云:"故为为是举莛与楹,厉与西施,恢诡谲怪,道通为一。"从司马彪注文看来,这个"西施"又比吴越交战早100多年。据此,"西施"一词是古代对美女的艳称,并非专指某一个人,漂亮女子都可称为西施,如乐府中多处出现的"罗敷"一样。先秦诸子之后,贾谊《新书·劝学篇》、刘向《说苑·尊贤篇》、陆贾《新语》以及《淮南子》中虽然也都提及西施,但仅仅把她作为一个美女的形象,而且多与毛嫱双双并出,一点也看不出西施与吴越两国的政事有什么纠葛。

那么在吴越交战中是否也有个"西施"呢?《史记·越王勾践世家》与《货殖列传》都提到范,但没有讲起西施,更不用说她与范蠡有什么关系。西汉人的著作中出现西施,但也未涉及西施参与吴越交战之事。如贾谊《新书·劝学篇》"夫以西施而蒙不洁,则人皆掩鼻而过。"到了东汉,才有勾践报仇用美人计的记载,袁康的《越绝书》云:"越乃饰美女西施、郑旦,使大夫种献之于吴王……"《吴越春秋·勾践阴谋外传》文种陈述破吴谋略,第四就是"遗美女以惑其心而乱其谋",于是勾践"使相者国中,得苎罗山鬻薪之女曰西施、郑旦,饰以罗縠,教以容步,习于土城,临于都巷,三年学服而献于吴"。西施身吴心越,为越国雪耻灭吴作出了卓越贡献的故事,主要是根据袁康的《越绝书》的记载逐步演变而来的。

用史学的眼光看,一个国家的兴亡,自有它历史的必然性,有它深刻的经济、政治、军事、外交原因,不是一两个人能左右得了的。

对西施的结局，历来也有不同的说法。一种说法是西施后来被投水杀身，这种说法最早见于记载的是《墨子·亲士》篇，其中说："西施之沈，其美也。"这句话的意思说西施是被沉于水中的，她的死是因为她的美丽。《修文御览》转引东汉赵晔所撰《吴越春秋》有关西施的记载说："吴亡后，越浮西施于江，令随鸱夷以终。"这里的"浮"字也是"沉"的意思。"鸱夷"，就是皮袋。这句话的意思是，吴国灭亡后，越王把西施装在皮袋里沉到江里去了。

唐朝诗人李商隐曾作《景阳井》绝句一首："景阳宫井剩堪悲，不尽龙鸾誓死期；肠断吴王宫外水，浊泥犹得葬西施"。

另一诗人皮日休也有诗题《馆娃宫怀古》共五绝，第五首是："响屧廊中金玉步，采苹山上绮罗身；不知水葬今何处，溪月弯弯欲效颦"。

从这两首诗可以知道，唐代也流传过西施被沉于水的说法，可是都没有谈到西施与范蠡有什么关系。

另一种说法是，西施跟随范蠡归隐于五湖。《越绝书》有这样的记载："吴之后，西施复归范蠡，同泛五湖而去。"唐代诗人杜牧在所作《杜娘诗》中有句云："西子下姑苏，一舸逐鸱夷。"这里的"鸱夷"不作皮袋解释，而指的是范蠡。《史记·越王勾践世家》说范蠡亡吴后，"浮海出齐，变姓名，自谓鸱夷子皮"。因为有范蠡泛于江湖的传说，或许是后人不忍这位绝代佳人遭到如此可悲的结局，就流传出西施和范蠡皆隐五湖的美满姻缘的故事，以寄托对他们的同情。

《辞海》也这样说："西施一作西子，春秋末年越国苎萝人，由越王勾践献给吴王夫差，成为夫差最宠爱的妃子。传说吴亡后，与范蠡偕入五

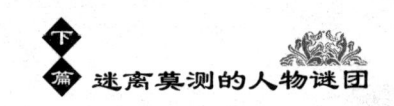

湖"。并没有提到她被沉于水的传说，大概也是愿意西施有一个完美的归宿吧。

对西施最终是生是死的结局，历来有不同的说法。归纳起来，大体有四种版本。

一是沉海说。传说勾践灭吴后，他的夫人偷偷地叫人骗出西施，将石头绑在西施身上，尔后沉入大海。而且更有甚者，传说从此沿海的泥沙中便有了一种似人舌的文蜊，大家都说这是西施的舌头，所以称它为"西施舌"。三十年代著名作家郁达夫在福建时，也称赞长乐"西施舌"是闽菜中最佳的一种神品。

二是隐居说。这种说法也是十分风行，最早它见于东汉袁康的《越绝书》。里面记载说，"吴亡后，西施复归范蠡，同泛五湖而去"。而明代胡应麟的《少室山房笔丛》也有类似说法，认为西施原是范蠡的情人或妻子，吴国覆亡后，范蠡带着西施隐居起来。明代的陈耀文《正杨》卷二《西施》也引用《越绝书》认为西施跟随范蠡隐居。

三是落水说。或许是善良的人们并不希望西施这位无辜的弱女子有个悲惨结局，于是找出初唐诗人宋之问《浣纱》诗："一朝还旧都，靓妆寻若耶；鸟惊人松梦，鱼沉畏荷花"为依据，认为吴亡后西施回到故乡，在一次浣纱时，不慎落水而死。此说似乎最理想，可是最缺乏证据。

四是被杀说。这种说法可以说纯粹来自传说了。传说吴王自刎而死时，吴人把一腔怒火都发泄在西施身上，用锦缎将她层层裹住，沉在扬子江心。据《东坡异物志》载："扬子江有美人鱼，又称西施鱼，一日数易其色，肉细味美，妇人食之，可增媚态，据云系西施沉江后幻化而成。"

揭开西施美人计的始末

中国古代的四大美人之首西施，从一个河边浣纱女，在风云变幻的春秋时期，其个人命运和整个国家联系在一起，成为越国复国大计中的中心人物。她和勾践联袂演出的这则美人妙计，直接帮助越国消灭了吴国。那么，有没有西施这个人，她的结局到底怎么样？这个谜尚有待进一步探索。

沉鱼落雁，闭月羞花，中国古代最著名的四大美女都与政治、军事的大历史有关，而且其中至少有两位因为被用来施美人计而名播天下。无论是戏剧还是实际的战争中，美人计都专指用美女去迷惑敌人以扭转对自己不利局面的计谋。它有些像和亲，但又与之本质不同。像王昭君和文成公主那样被送到番邦和亲，基本上可以理解为变相的性贿赂。贿赂之所以存在有一个前提，那就是贿赂者的预期获益将大于付出，多半还是远远超过付出，否则有谁愿意行贿？就以和亲为例，四大美人中的王昭君，本是宫中一位多年没有得到汉帝临幸的宫女，汉元帝欲用以为和亲，只不过是把一笔长期闲置着的资产盘活了；文成公主虽说是唐太宗的宗亲，似乎关系也很疏远。把这样的姑娘嫁到番邦换取两国和平，怎么看都是一笔利润蛮

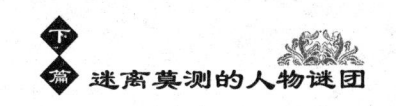

巨大的投资。元剧《汉宫秋》里，汉元帝一见王昭君明艳动人的模样，突然觉得这桩和亲生意的"投入产出比"有些问题，心中的算盘立马噼里啪拉响起，痛感这次他亏大了！居然送出去这样一位绝色女子！

美人计不是这样。施行美人计的男主人公们不会有汉元帝这种伤痛——既然以美人设计，不用绝色美女，怎能顺利达成目标？西施就这样被送到吴宫去了，并且因此成为无数诗词和戏剧作品咏唱的对象。西施被送到吴宫去做什么？她完全是被当做一位纯粹的美女，当做纯粹肉体的存在，作为性消费的对象送给好色的吴王夫差的。送一位美女给别人就能叫做"美人计"吗？西施只是一个弱女子，除了美色一无所长——且慢，这样说有点不准确，在《浣纱记》里，梁辰鱼笔下的勾践看到西施时，有点激动，他说："寡人亲令夫人教演歌舞，即欲献之吴王。看她蛾眉不肯让人，狐媚必能惑主。虽为女流之辈，实有男子之谋。"所以，西施还在越王宫里学会了轻歌曼舞，但歌舞只不过为了给西施的美貌增添内涵，用今人的说法，是要对这位乡村美女强化艺术教育，赋予她的身体以更饱满的文化质地。勾践挑选美女，首先要迎合吴国君臣的喜好。在戏里，吴王见到西施十分欢喜，他麾下的奸臣伯嚭就连忙感慨万千地为越王做说客，他说"我伯嚭见了妇人万千，从不曾见这样娉娉袅娜的。范大夫，你们都是好人。若像我做伯嚭的，留在本国受用，怎肯送与别人。"

这位美人到吴宫去要做的，既不是扰乱后宫，更不是行刺吴王，她的任务只有一件，那就是让吴王尽量享受她的身体——她的美色以及歌喉舞姿。在这背后隐含着一种耐人寻味的社会学理念，就像斯巴达人要经受严酷的训练一样，古今中外的人们对人性有同样的理解，以为只有

吃尽苦头才有可能成就伟大的事业，日子过舒坦了，人们就一定会放弃远大的理想。

明代的戏曲作家梁辰鱼写过不少剧本，最有影响的是《浣纱记》，讲的是春秋末期吴越交战的故事，以西施和范蠡的爱情作为线索。越国大夫范蠡在一个春光明媚的艳阳天出访民间。来到诸暨苎萝山下若耶溪，遇见正在浣纱的西施，被她的天姿国色所倾倒，遂以溪水之纱相订白首之约。不久吴王夫差为报杀父之仇，领兵打进了越国。越军被打败，越王勾践作了俘虏，范蠡作为人质跟随越王夫妇到了吴国做奴隶，他和西施的婚事就耽搁了下来。三年以后，吴王夫差放回了勾践夫妇和范蠡。勾践回国以后，卧薪尝胆，准备十年生聚，力图报仇雪耻。他采用范蠡所提出的美人计，准备用女色击垮夫差。西施被范蠡的爱国热情感动了，从最初不愿意充当"美人"，到最后挺身而出，同意去吴国。夫差一见鲜翠欲滴的西施，果然大喜，宠爱无比，自此只爱美人不管江山。他自以为打败了越国，天下无敌，更没有把越国放在心里。最后，吴国被越国灭掉。勾践正要论功行赏，范蠡却不愿做官，接了西施，泛舟湖上，改名隐居去了。

故事有些情节是虚构的，而范蠡却实有其人。范蠡是春秋末政治家，字少伯，楚国宛（今河南南阳县）人，越大夫，曾助越王勾践刻苦图强，灭亡吴国。范蠡深知勾践的为人，他给越国另一大夫文种的信中说："飞鸟打光了，再好的弓箭也该收藏起来，兔子打完了，就轮到把猎狗烧来吃了。越王这个人，可以跟他共患难，不可以共安乐。"劝文种赶快离开越王。他自己也隐姓埋名出走，先游齐国，称鸱夷子皮，后到陶（今山东定陶西北），改名陶朱公，以经商致富。

故事中的西施，一般认为确有其人。在《孟子》、《淮南子》、《越绝书》、《吴越春秋》等书中，说她本是苎萝山下的卖薪女，也有说她是浣纱女，有倾城倾国之美貌。勾践曾把她选入宫中，学习舞蹈礼仪，打扮成一个淑女的模样，使男人见了钦慕不已。后来，她身在吴国心在越，协助勾践搞垮了吴国。也有意见认为西施根本就没有这个人。如果有这个人，那么在主要记述春秋历史的《左传》、《国语》中对她为什么只字未提？《国语》中说过"勾践女女于王，大夫女女于大夫，士女女于士"，还说越国曾将八名美女打扮得十分漂亮，送给太宰伯嚭，但根本没有谈到西施。在《庄子》这本书中有人叫西施的，但那是生活在庄子前的一个远古历史人物，传说是夏朝的，与吴越争战中的这个西施没有任何关系。

《史记》的《越王勾践世家》与《货殖列传》都提到范蠡，但没有讲起西施，更不用说她和范蠡有什么关系。是司马迁没有看到这方面的记载，没有听到这方面的传说，还是司马迁特意不写进去，今天就无从知道了。因此一代佳人西施的结局众说纷纭，是被沉于水，或跟随范蠡归隐于五湖，或者还有其他什么结局，这个谜尚待进一步探索。

西施奢靡的"后宫生活"

西施被人发现她的美貌，走出水乡山村，既是偶然，也是她的悲剧。当时，她的国家越国的国王勾践被吴王夫差打败，国君被俘，人民也成了吴国的奴隶。为了复国报仇，吃尽了苦头的勾践终于骗取夫差的信任，回到了越国。他命一个叫范蠡的大臣找来聪明美丽的西施，作为施展美人计的女间谍献给夫差。

西施来到吴宫，她的美貌彻底俘虏了夫差，令他沉迷酒色，疏理国政；而她的聪慧内敛，更让夫差利令智昏，不辨忠奸，丧失了理性。西施在吴王夫差面前一向少言寡笑，加之她体态轻盈，时现凝眉抚心的柔弱情态，给人一种杨柳依依的美态，迷得吴王夫差不知怎么宠她才好。

西施不敢忘记自己肩负的使命，只得变着法地诱惑吴王。吴王总想看到西施的笑脸，这天，他带着西施出宫打猎，来到灵岩山，看见仙鹤在飞翔。夫差对西施道："爱妃，看我为你射鹤。"一箭射过去，仙鹤应声落地，西施竟甜甜地笑了。夫差简直看傻了，揽过西施，忘情地说："太美了！爱妃的笑，天宫仙女都不及呀！……"转身对随从人员："快，给爱妃取回仙鹤。"不等左右行动，西施制止道："慢！这鹤是大王为我射的。我要亲手

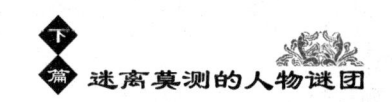

拣回这支箭，以表我对大王的谢意。"说着转身就跑，一个趔趄差点摔倒，忙扶住一棵小树，抬起另一只手捂住了心口。

夫差吓坏了，抢前抱住西施，关切道："爱妃你……"

西施强作笑脸地娇喘道："可能是心疼旧病犯了。我，我还是要替大王，拣回那箭。"

夫差紧搂着西施，并召御医过来。西施再次阻止，说道："大王不用担心。我这是旧病，药是没用的。歇一会儿就好，还是让我为大王去取箭……"夫差感动得掉下了英雄泪，将西施抱得更紧了，说什么也不放美人去了。

过了一会儿，西施在吴王怀里仰起头，笑着看着吴王的眼睛建议道："大王怕我拣箭累着。我看，大王不如沿着您射出的箭径，从这灵岩山开挖一条'箭泾河'直通太湖，我就可以乘船取箭，以后我俩也可以泛舟太湖，戏水赏景呀！"吴王夫差闻言大喜，连连夸赞西施的妙想，拍着脑袋直说自己怎么就想不出这样的好点子呢！

夫差说干就干，他哪管什么大兴土木、劳民伤财，只要美人欢笑就行。吴王夫差哪曾想到，他挖的哪里是什么箭泾河呀？实在是一条不折不扣的"越来河"！太湖的南岸就是越国，日后越国复仇攻打吴国，突袭的精锐部队就是从这条河直达吴宫。

随着日月的流逝，吴越之战已到了最后的关头，西施沉着地坚守到最后。一天夜里，吴王夫差做梦梦见了日落、海枯、山倒、花谢，闹得他大清早就心神不安，到了朝堂之上，就叫大臣们给他解梦。大臣们解了半天，都没说出个所以然，只有相国伍子胥说道："大王，这梦不是好兆头，

是上天警示您不能再沉迷酒色，荒废国政，劳民伤财；快把后宫美人遣散，尤其是越国献的西施……"一听这话，吴王气得甩袖退了朝。

回到后宫，吴王不住地叹气。西施问他，吴王愤愤地说道："可恨伍子胥老匹夫！竟敢假借解梦要我处治爱妃你。早晚我得要了他的老命。"西施暗自一惊，转而笑道："大王为我生气伤了身子，妾身可担当不起。我看，既然朝中有人不能容我，大王不如将我打入冷宫，或是赐条白绫，准我一死，免得大王落埋怨。"

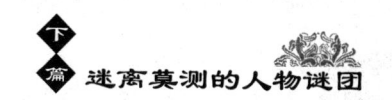

昏庸周幽王：烽火戏诸侯博美人一笑

作为一代君王，他是昏庸而无能的。目光短浅，不懂得顾全大局。贪婪自私，刚愎自用，毫无计划性。作为一个情人，他给予褒姒全部的爱，但同时也是十分自私的爱。他以爱为名，将褒姒推上了刑台。那样的时代，女性只是男性自大的牺牲品而已。

烽火戏诸侯的谜团

周厉王改革失败后，周朝出现了长达14年的"共伯和代王政"时期，直到周厉王死于彘，这段由诸侯贵族代行王权的时期才结束，周厉王的太子静即位。

按照《史记·周本纪》的说法，当年"国人暴动"时太子静险些被暴

怒的国人所杀，幸得召公庇护，用自己的儿子代替太子死，太子才保下一命。但这件事也遭到部分学者的致疑。原因是，当年的"国人暴动"实际是贵族发难，是抵制厉王新政的贵族为主导力量发起的政变。周时的贵族崇尚"刑不上大夫"，所以面对史上第一位被臣属推翻的周厉王时，选择了"流王于彘"。既然连周厉王都免于被杀的命运，那么所谓的"国人"又何以要杀太子静呢？所以有学者提出，司马迁将"共伯和代政"误以为是"召周共和"，《周本纪》的召公以子代死之说完全与这种误解的一脉相承，不过是为"召周共和"做的铺垫而已。这种看法当有一定参考价值。

虽然厉王被流放后已无任何权力，形同囚犯，但根据当时人们固有的思想，周厉王名义上还是大周的天子，他的儿子也依然是大周的太子。既然天子行为"有失"，那么贵族代政就是在进做臣子的本份；既然是进臣子本份，那么等到行为"有失"的天子去世之后，立他的儿子即位自然是顺理成章的。周宣王应该是在如此背景下登上王位的。

周厉王改革的失败，表明分封制下的诸侯贵族实力已经超过天子自身，守旧势力不容得任何人以任何理由触犯他们的利益。至于国家的前途如何，日后王朝的走向如何，没有人关心。他们只关心自己眼前的东西，哪怕日后近六百年的战乱将把他们中的大多数人及他们的后代变的一无所有。看眼前的这种形势，王朝算是走的尽头了。不过令人意外的是，西周王朝在它最后的时光里竟然回光反照，出现了一次短暂的中兴。

周宣王，即厉王太子静，在他即位后，西周王朝出现了一次短暂的中兴，即"宣王中兴"。只所以称其为中兴，原因是宣王初期，周朝打赢了若干场对外战争，军事上有所进取。其军事胜利主要包括北伐玁狁的胜利，南征淮夷的胜利，南征楚国的胜利。其实就史料来看，西周在抗击外敌时，状况最差是在周厉王的父亲周夷王那个年代。周厉王即位后，其改革虽然最终失败，但在他被推翻前，周朝的军事状况就已经有了很大的好转。出土金文就有厉王时不少胜仗的记载，《楚世家》也说："及周厉王之时，暴虐，熊渠畏其伐楚，亦去其王。"熊渠在周夷王时公开叛周，封其三子为王，到了周厉王时也对改革中的周王室心生畏惧，自去王号，表示再次臣服于周。

所以，周宣王即位后的军事胜利，极有可能是周厉王改革效果的一种延续。但厉王革典终归还是失败了，国家积重难反，王朝的命运已经注定。宣王后期，国势衰退，多次对外战争都遭到了失败。尤其是宣王三十九年（前789年），周军伐姜氏之戎，两军战于千亩（今山西介休县南），周军大败，宣王调去作战的"南国之师"全部被摧毁。短暂的"宣王中兴"黯然结束。

为了换回国势衰落的局面，宣王在千亩之战失败后也学起了他那位落难为囚的父亲，也尝试着进行改革。宣王改革的内容由史书所载的有两点，一是"不籍千亩"，二是"料民"。其实"不籍千亩"和"料民"所指的是同一件事，那就是取消"籍田制"，清查人口数量，以人口数量征收税赋。此前已经说过，西周原来采取井田、籍田并行的经济政策。一井九百亩，八户农户各得百亩私田，所得均为私有；中间一百亩为公田，八家共作，所得上交；先作公田，公事完毕再作私活。这是一种借民力耕种的生产方式，也是一种落后的生产方式。农民对公田的工作根本提不起精神

来，籍田制已经无法维持。

《国语·周语》说："宣王既丧南国之师，乃料民于太原。"所谓太原，乃广大高原的泛称。"料民于太原"就是把人都拉到一块空地上，然后登记人口的意思。不行籍田，改以人口收税，这也许是中国历史上最早的农业税兼人头税了。和厉王革典一样，宣王的改革也遭到了抵制，大臣以"民不可料也"为由，反对开征人头税，可见那个年代人们守旧思想的根深蒂固。而宣王则力排众意，毅然推行。

宣王的"人头税"看来还是搞起来了，毕竟比起厉王的改革，宣王只不过弄了些零打碎敲的东西。征个人头税对大贵族的利益触及也不算太大。不过，单只是这些零打碎敲式的东西已不能够从根本上解决问题，宣王晚年时绝大多数对外战争都失败，大周王祚风雨飘摇。宣王死后，西周王朝迎来了第十二任天子，也是王朝的末世之君：周幽王。

幽王见了褒姒，惊为天人，非常喜爱，马上立她为妃，同时也把褒珦释放了。幽王自得褒姒以后，十分宠幸她。褒姒虽然生得艳如桃李，却冷若冰霜，自进宫以来从来没有笑过一次，幽王为了博得褒姒的开心一笑，不惜想尽一切办法，可是褒姒终日不笑。为此，幽王竟然悬赏求计，谁能引得褒姒一笑，赏金千两。这时有个佞臣叫虢石父，替周幽王想了一个主意，提议用烽火台一试。

烽火本是古代敌寇侵犯时的紧急军事报警信号。由国都到边镇要塞，沿途都遍设烽火台。西周为了防备犬戎的侵扰，在镐京附近的骊山（在今陕西临潼东南）一带修筑了二十多座烽火台，每隔几里地就是一座。一旦犬戎进袭，首先发现的哨兵立刻在台上点燃烽火，邻近烽火台也相继点

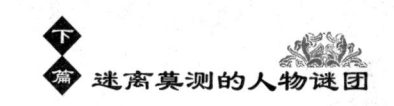

火，向附近的诸侯报警。诸侯见了烽火，知道京城告急，天子有难，必须起兵勤王，赶来救驾。虢石父献计令烽火台平白无故点起烽火，招引诸侯前来白跑一趟，以此逗引褒姒发笑。

昏庸的周幽王采纳了虢石父的建议，马上带着褒姒，由虢石父陪同登上了骊山烽火台，命令守兵点燃烽火。一时间，狼烟四起，烽火冲天，各地诸侯一见警报，以为犬戎打过来了，果然带领本部兵马急速赶来救驾。到了骊山脚下，连一个犬戎兵的影儿也没有，只听到山上一阵阵奏乐和唱歌的声音，一看是周幽王和褒姒高坐台上饮酒作乐。周幽王派人告诉他们说，辛苦了大家，这儿没什么事，不过是大王和王妃放烟火取乐，诸侯们始知被戏弄，怀怨而回。褒姒见千军万马召之即来，挥之即去，如同儿戏一般，觉得十分好玩，禁不住嫣然一笑。周幽王大喜，立刻赏虢石父千金。周幽王为此数次戏弄诸侯们，诸侯们渐渐地再也不来了。

周幽王为进一步讨褒姒欢心，又罔顾老祖宗的规矩，废黜王后申氏和太子宜臼，册封褒姒为后，褒姒生的儿子伯服为太子，并下令废去王后的父亲申侯的爵位，还准备出兵攻伐他。申侯得到这个消息，先发制人，联合缯侯及西北夷族犬戎之兵，于公元前771年进攻镐京。周幽王听到犬戎进攻的消息，惊慌失措，急忙命令烽火台点燃烽火。烽火倒是烧起来了，可是诸侯们因上次受了愚弄，这次都不再理会。

烽火台上白天冒着浓烟，夜里火光烛天，可就是没有一个救兵到来。使得周幽王叫苦不迭。镐京守兵本来就怨恨周幽王昏庸，不满将领经常克扣粮饷，这时也都不愿效命，犬戎兵一到，便勉强招架了一阵以后，一哄而散，犬戎兵马蜂拥入城，周幽王带着褒姒、伯服，仓皇从后门逃出，奔

往骊山。途中，他再次命令点燃烽火。烽烟虽直透九霄，还是不见诸侯救兵前来。犬戎兵紧紧追逼，周幽王的左右在一路上也纷纷逃散，只剩下一百余人逃进了骊宫。周幽王采纳臣下的意见，命令放火焚烧前宫门，以迷惑犬戎兵，自己则从后宫门逃走。逃不多远，犬戎兵又追了上来，一阵乱杀，只剩下周幽王、褒姒和伯服三人。他们早已被吓得瘫痪在车中。犬戎兵见周幽王穿戴着天子的服饰，知道就是周天子，就当场将他砍死。又从褒姒手中抢过太子伯服，一刀将他杀死，只留下褒姒一人做了俘虏（一说被杀）。至此，西周宣告灭亡。

此时，诸侯们知道犬戎真的打进了镐京，这才联合起来，带着大队人马来救援。犬戎看到诸侯的大军到了，把周朝多少年聚敛起来的宝贝财物一抢而空，纵火退却。

犬戎攻破镐京，杀死幽王退走后，申侯、鲁侯、许文公等共立原来的太子姬宜臼为天子，于公元前770年在申（今河南省南阳市北）即位，是为周平王。因镐京已遭战争破坏，而周朝西边大多土地都被犬戎所占，周平王恐镐京难保，于公元前770年在秦护送下迁都洛邑（今河南洛阳），在郑、晋辅助下立国。东迁后的周朝。史称东周。

烽火戏诸侯只不过是西周灭亡的催化剂，加剧了它灭亡的速度。就算没有烽火戏诸侯，西周早晚也会在其他事件中灭亡，无法挽回，烽火戏诸侯只是一个机遇而已，只要天子失信的话，诸侯就大有依借失信，自大，争霸。在未烽火戏诸侯之前，各家都只是暗地里扩张而已。当时政权已经摇摇欲坠，烽火戏诸侯只是一个引子，由量变到质变的一个诱因。如果不发生这件事，也还是会有其它诱因的。

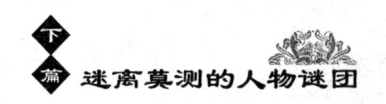

周幽王为什么会迷恋褒姒

褒姒的身世，是中国史上第一部，也是第一流的荒诞派小说。

大概是夏朝的末代皇帝桀在位的时候，有一天，有两条龙栖在院子里，说："我们是褒国的先君。"夏桀赶紧让太史占卜，结果，杀、赶走、留下来都不吉利，吉利的是把龙的唾液收藏起来，这是龙的精气所在。于是夏桀"以简策之书告龙"，二龙离去，留下了唾液。夏桀把唾液装在匣子里珍藏起来。夏亡后，此器传给了殷；殷亡后，又传给了周。历经三代一千余年，皆视之为禁忌，无人敢打开。至周厉王末年，周厉王好奇地打开了这个匣子，想看看里面到底有什么东西。结果龙的唾液既没有蒸发，也没有凝固，遍流庭院，一发而不可收拾。周厉王万般无奈之下，找来一大群妇女裸体鼓噪，除魔驱邪。那唾液遂化作"玄鼋"，潜入后宫。一个年轻的宫女劈面遇见了这只玄鼋，像所有圣人的母亲一样，心中感应，若有所动，长到出嫁的年龄就奇怪地怀了孕，因此被囚禁。

这一胎怀了 40 年，直到周厉王的儿子周宣王在位的时候，才生下一个来历不明的女婴。因为是"无夫而生子"，生得又旷日持久，宫女顶不住来自朝野的舆论压力，恐惧之下，把这个女婴随便扔到了路旁。周宣王

时，国势已经衰落，国运相应地也就被奇异的事件所笼罩，甚至于有童女到处传唱着一首童谣："弧箕服，实亡周国。"——桑木做成强弓，细草编成箭袋，周王国不再存在（柏杨译文）。周宣王听到后，立刻下了不准贩卖"弧箕服"的禁令。谁知事情就有这么凑巧，恰巧有一对夫妇在贩卖这两件东西，周宣王派人把他们抓起来，要砍他们的头。夫妇二人连夜逃亡，途中，恰巧在路旁看见那个宫女抛弃的女婴，正在夜啼，哭得上气不接下气。二人动了怜悯之心，遂收留了这个弃婴。此后，夫妇二人一路逃亡到褒国，以卖饴为生，在褒国定居下来。那个弃婴也渐渐长大，出落得花容月貌，养父母给她取名叫褒姒——姓姒名褒。姓姒是追溯到夏朝褒国二君化龙吐涎之事，夏朝国姓为姒；名褒是为了纪念她在褒国保住了小命，获得了新生。

在《史记·周本纪》中，治史严谨的司马迁不仅罕见地记载了这件荒诞不经的"怪力乱神"之事，而且将前因后果记载得非常详细，不惜笔墨。此中心态大堪玩味。

此后，故事的进展迅速起来。

周宣王的儿子周幽王继位，这位著名的亡国之君，同所有的亡国之君一样，残暴，昏庸，淫荡，不顾百姓死活，遍选天下美女充实后宫，重用佞臣虢石父。朝中大臣、褒国国君褒珦的劝谏之言非但不听，还将褒珦下狱治罪。褒国为了营救褒珦，遂进献美女褒姒，以赎其罪。果然，周幽王三年，一见到褒姒的美色，周幽王就惊为天人，放了褒珦不说，还在褒姒生下儿子伯服之后，废掉原来的皇后申后和太子，"以褒姒为后，伯服为太子"。周幽王爱煞了褒姒，百般取悦美人。褒姒不爱笑，周幽王在佞臣虢石父的撺掇之下，居然想出了"烽火戏诸侯"的著名"奇计"，在骊山大举烽火。待各路诸侯快马加鞭赶来勤王，才发现是一个骗局。看到诸侯们劳累、困惑继而愤怒的表情，看到山下万马奔腾、人仰马翻却无功而返的尴尬场景，褒姒毫无心肝地大笑起来。一而再，再而三，周幽王兀自陶醉在美人开颜的喜悦之中，哪里料得到"一笑倾国"啊——被废的申后的父亲申侯，联络缯国和西夷犬戎进攻周幽王，周幽王再举烽火征兵的时候，屡屡受骗的诸侯再也不上当了。"遂杀幽王骊山下，虏褒姒，尽取周赂而去"，西周灭亡。

褒姒做了犬戎的俘虏，下落不明，但是她却替母亲，那个历周厉王、周宣王两朝，命运乖蹇的宫女复了仇，宣判了西周的死刑。褒姒不笑，并非生理性的毛病，也许是因为被弃的悲惨身世，也许是因为复仇之神的青眼相加——总之，这个故事以荒诞派小说起始，以正史记载的西周灭亡结束，真实与怪诞，交缠在一起，呈现出奇异的双重面貌。

但是太史公司马迁，在他被誉为"史家之绝唱"的著作中，为什么如此详细地记载明显怪诞的故事呢？综观《史记》全书，类似的情节可说绝无仅有。

天汉二年秋，汉武帝派乐人出身的外戚、贰师将军李广利"将三万骑击匈奴右贤王于祁连天山"，李陵带领五千兵出居延海以北，迎击匈奴，被匈奴单于以八万兵包围，而李广利不派援兵，李陵血战后"遂降匈奴"，汉廷震动。司马迁为李陵辩解说："陵提步卒不满五千……转斗千里，矢尽道穷，士张空拳，冒白刃，北首争死敌，得人之死力，虽古名将不过也。身虽陷败，然其所摧败亦足暴于天下。彼之不死，宜欲得当以报汉

也。"汉武帝认为司马迁为李陵游说，是为了诋毁李广利，遂"下迁腐刑"。司马迁受此奇耻大辱，在蚕室里立下决心：忍辱完成《史记》。

公元前92或前93年，司马迁出狱，任中书令。这时曾任益州刺史、北军使者护军等职的任安写信给他，希望他能"推贤进士"。后任安因罪下狱，被判死刑，司马迁写了名垂千古的《报任安书》，不仅提出了"人固有一死，死，有重于泰山，或轻于鸿毛"的著名论断，不仅表白了"发愤著书"的苦衷和决心；尤其重要的是，在前98年汉武帝"族陵家"，李陵案已成铁案的情势下，司马迁明知给狱中的任安写的这封信，必会上达天听，还是委婉、然而坚决地再次实现了替李陵的辩护："身虽陷败彼，彼观其意，且欲得其当而报汉。事已无可奈何，其所摧败，功亦足以暴于天下。"而且，顺便讽刺了大臣们和汉武帝的丑态："陵未没时，使有来报，汉公卿王侯皆奉觞上寿。后数日，陵败书闻，主上为之食不甘味，听朝不怡。大臣忧惧，不知所出。"

可以想见，司马迁一而再，再而三地为一个投降异族的"汉奸"辩护，必定抱着某种坚不可摧的信念。而他自承的"发愤著书"，乃"意有所郁结，不得通其道，故述往事，思来者"（《报任安书》）——讲述往事是为了排解郁结，是为了抒发孤愤，那么，不厌其详地讲述褒姒循环复仇故事的奇异细节时，太史公一定也满怀着复仇的冲动和快意；只不过，褒姒的一笑倾国，是为了母亲那突如其来的旷世哀怨，而司马迁，是为了自己那羞耻的残疾之躯。

周幽王之死

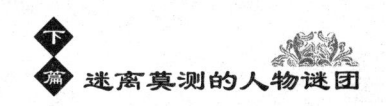

太子宜臼被废，最难过的是他的母亲申后，最愤怒的也是申后。褒姒的专宠已让申后妒火中烧，加上自己王后被废、儿子太子之位被废黜，更使她愤怒异常。她给他的父亲申国的国君申侯去信哭诉，自己从未失德，却遭废黜，太子仁孝，也遭废黜。主要是褒姒这个妖姬，如纣之妲己，迷惑君王，乱我朝纲。现在是忠孝之士被黜，奸佞小人横行，请求父亲为她和太子做主，清除奸佞，整顿朝政。

申侯得知女儿被废、外孙被废的消息后，不禁勃然大怒，他对他的好友缯国的国君说道："如今大王昏聩，唯妖姬褒姒之言是听。敝侯听说褒姒乃是宫女脚踏玄鼋而生，乃是妖魅转世。昔日桀有妹喜、纣有妲己，母鸡司晨，祸事连连，以至亡国身死。今太子宜臼仁爱，百姓爱戴，我等起兵铲除妖孽，拥立太子登基如何？"缯侯眼珠子转了转说道："君侯，此乃犯上作乱。昔日杜伯刺杀宣王，杜国被除，杜伯一家老小皆被油烹。周宣王爱鲁武公幼子戏，立戏为太子，鲁人不爱，戏兄之子伯御与手下袭杀戏而自立，宣王大怒率兵伐鲁，将伯御绑在树上乱箭射死，其状惨不忍睹！为今之计，君侯应稍安勿躁，耐心等待时机。"

当申后听说幽王为博美人一笑而随意点燃烽火台之时，不禁哈哈大笑："报仇的机会来矣！"不久细作来报，幽王点烽火，竟然诸侯一个也未来，就更加高兴了。缯侯献计道："应连兵犬戎，一起共举大事。事成，我辈有拥立之功；事败，可将责任归其犬戎！"申侯大喜："此计甚妙，事不宜迟，我等立即修书一封，事成之后，子女财帛悉归犬戎，共享荣华富贵！"

犬戎接到申侯的信后大喜，立即点齐军马杀向镐京，申侯和缯侯带兵也紧跟其后。周幽王听军士来报："犬戎大军不计其数，向我镐京而来！"幽王大惊，登上城楼瞭望，只见西边尘土飞扬，大队骑兵人马杀奔而来，立即嘶哑着嗓子连声喊道："快点烽火，快点烽火，让天下诸侯速速勤王护驾！"

霎时，烽火台燃起了浓浓黑烟，直上云霄。士兵来报："大王，犬戎大军已将我镐京团团围住！"幽王焦急地问道："可有诸侯勤王否？""没有！"幽王喊道："快闭城门！快闭城门！"

到了夜间，一个人影从宫中窜了出来，悄悄地走到城门边，用力地推开了大门，朝着城外大喊："门一打开，此时不进，更待何时？"犬戎的士兵见大门一开，就潮水般涌向城里。在太子宜臼的帮助下，犬戎攻入镐京，京城陷落。

第二天，犬戎的士兵仍然到处放火，大戎王指挥着他的士兵拉着一车车的财宝向外运。几个士兵押着褒姒和幽王走了过来，戎王见褒姒长得天生丽质，哈哈大笑，快步上去将褒姒抱上马去，将褒姒怀中的婴儿伯服摔在地上。对着手下的士兵说道："将这昏君押回去当奴隶！"说罢就带领

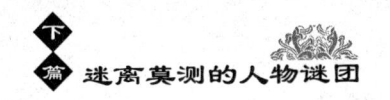

着士兵出城了。

当申侯、缯侯到达宫中的时候，司徒姬友、伯阳甫等已经殉国了。虢石父毕恭毕敬地迎接着申侯和缯侯来到王后的寝殿，太子宜臼手执宝剑立在殿前。一见外公申侯，立即跪下哭道："外公若再不来，我恐早命丧妖姬之手！"又指着虢石父说道："此乃小人，我命几乎丧在他手里！"申侯立即下令："来人，与我绑了，立即与我斩首示众，为天下奸臣者戒！"然后申侯与缯侯等人来到申后的宫殿，准备商议太子宜臼登基的事。这时，士兵来报："戎王正押着幽王出城而去。"缯侯赶忙说道："太子殿下，君侯，如果昏君健在，太子能登基否？我等将死无葬身之地了！"申侯不等王后和太子发话立即下令："速派人告谕戎王，昏君不可留！昏君不除，祸患无穷！他若要金银财宝，给他就是！"

当戎王带着大队人马走到骊山之时，戎王命人将幽王带到眼前。戎王对幽王说道："昏君，我本来还想留尔一命，给我做奴隶，可你的岳父申侯来信，非要你的命不可。昏君，你休要怪我！"幽王赶忙跪下不住地磕头求饶，大戎一挥手，刀斧手走上前去，揪起了幽王的头发，向着他的脖颈砍去。刀光一闪，颈腔中的血飞溅而出，幽王的身子跌倒在尘土之中。

当初，周幽王无论如何也想不到，至高无上的、强大的一国之君会死于乱兵手中。周宣王把王位传给他时，周朝是何等强大，四海之内没有对手，各路诸侯俯首听命，一丁点儿的威胁都找不到，是一片歌舞升平、欣欣向荣的大好局面。因掌握着最高权力而过分自信，他不是第一个，也不是最后一个。他临死时才对郑伯友哀叹"不听叔父之言，以至于此"又有何用？其实，他死也不明白，真正的原因在哪儿。

周幽王的性格品德根本不适合做国家领导人，他"为人暴戾寡恩，动静无常"，上任后就"耽于声色，不理朝政"。这样的领导自然让谗谄阿谀之辈、贪位慕禄之人有了广阔的生存空间。但在那样的家族体制下，领导人必须是他。他只要不是一个傻瓜，就顺理成章地领导国家。当然，这也注定了悲剧的产生。

古人说这是天意，也没有什么好奇怪的，因为谁都能看得出来结局。但是，因为体制，没有人提意见。叔带要提，他说："天子不恤国政，任用佞臣，我职居言路，必尽臣节以谏之。"伯阳父接着说："但恐言而无益。"果然，叔带还没劝说幽王几句，就被免去一切职务，发配回老家。

可见，一种错误的政治体制是多么可怕，可以说是害人害己、祸国殃民。一个人一句话，几个人一商量，便可以确定国家的领导者，黎民百姓只有听天由命的份儿。极端的制度为极端的不幸埋下了伏笔。让褒姒这样道德修养不佳的美女来干涉国政，是周幽王的问题。但归根结底，还是因为他不适合当领导人。

为了让妃子笑一笑，他可以下令点烽火台。当郑伯友劝他注意失去信用的危险时，他很自信地说："今天下太平，何事征兵！"他眼中的烽火台现在只是玩具。他可以自由监管他的属下，随意处理他的手下，而没有人能监督他。别人最多只能够给他提建议。

所以才会酿成无法挽回的悲剧。

周幽王的殉葬之谜

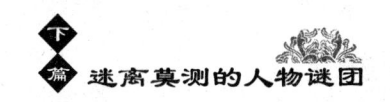

殉葬是一种古老的习俗。早在原始社会，人们便习惯于把随身使用的工具、武器以及生前喜爱的日用品和死者埋葬在一起。到了奴隶社会，奴隶作为会说话的工具，也被杀死或活埋，用来殉葬，让他们在"阴间"继续为主人效力。当时用奴隶殉葬已成为一种制度，从对殷墟墓葬的发掘情况来看，人殉的数目少的几十，多的上千。

进入阶级社会以后，妇女沦为贵族男子的玩物与附庸，在殉葬者中，妇女占有相当大的比例。商代卜辞中就有专门杀祭杀殉女奴的记载。当然，殉葬者的身份并非全部是奴隶，也有墓主的妻妾和家臣。

到了春秋时期，奴隶制濒于崩溃，人殉的作法开始引起非议。公元前621年，秦穆公死后用177人殉葬，其中包括三名才能出众、孚有众望的良士。国人因此作《黄鸟》诗，以表示对死者的哀悼和对暴君的憎恨。这时在各诸侯国，妇女作为主人婢妾生殉的恶俗也逐渐受到摒弃。齐大夫陈子车死后，妻子和总管商定用人殉葬。子车的弟弟子亢却对他们说："如果哥哥在阴间需要人侍候的话，没有比他的妻子和总管更合适的了，这件事要不就算了，如果一定要坚持，我就准备用你们二位生殉。"子车的妻

子与总管只好同意取消生殉婢妾的打算。

春秋之后，人殉的作法已不多见，基本上改用木制或泥制人形偶像殉葬。战国时的秦国就曾在献公元年（公元前384年）正式下令废止人殉。但是到了公元前221年，秦统一六国后，却再次发生了大规模骇人听闻的生殉事件。

秦始皇生前为祈求长生不老，曾派人率数千童男童女出海求仙。同时，还用十来年的时间，动用数十万人修建规模巨大的陵墓，即郦山始皇墓。秦始皇死后，秦二世正式宣布：后宫妇女全部殉葬。这次殉葬的宫女和被害工匠人数，竟多到"计以万数"。

秦王朝的一系列暴政激起了人民强烈的反抗，秦末农民战争不但推翻了秦王朝，而且教训了新王朝的统治者。威名显赫的汉武帝死后，虽然殉葬了大批金银财物、鸟兽鱼鳖、牛马虎豹，但他的几千名妃妾宫女毕竟全部保住了性命。随着人民的反抗和社会的进步，从汉朝到元朝，除边远少数民族地区以外，强制妇女殉葬作为一种制度，已不复存在。

到了明朝，尽管社会经济和科学文化得到了长足发展，但以妇女殉葬的作法，却一度死灰复燃。朱元璋在世时即首开恶例。洪武二十八年，他的次子秦王死后，以两名王妃殉葬。朱元璋本人死后，共有46名妃嫔、宫女陪葬孝陵，其中十几名侍寝宫女全部生殉。1424年明成祖死后，殉葬宫妃多达三十余人。此后的仁宗、宣宗也各以五妃、十妃殉葬。除皇帝外，诸王也间或用人殉葬。

最突出的例子是正统四年，周王朱有死后，因周王生前曾上奏折表示身后务从俭约，以省民力，故明英宗特命"妃夫人以下不必从死，年少有父母者遣归"。谁料未等圣旨传到，王妃巩氏和施氏等六夫人已同日自绝殉身。直到天顺八年正月，英宗病危时下遗诏表示"用人殉葬，吾不忍也，此事宜自我止，后世勿复为"，这才算最终废止了宫妃殉葬制度。

《朝鲜李朝世宗实录》有一段记载为我们再现了永乐二十二年（1424年）成祖死后逼殉宫女的悲惨情景："帝崩，宫人殉葬者三十余人。当死之日，皆饷之于庭，饷辍，俱引升堂，哭声震殿阁。堂上置木小床，使立其上，挂绳围于其上，以头纳其中，遂去其床，皆雉颈而死。"其中有个朝鲜选献的韩妃，临终时对守候在身边的乳母金黑连呼"娘，吾去！娘，吾去！"话声未落，便被太监踢开木床，一命呜呼，真是惨绝人寰！

17世纪代明而起的满洲贵族入关前，仍实行人祭、人殉制。清朝摄政王多尔衮的生母大妃纳喇氏，就是在1626年清太祖努尔哈赤死后与另外两名庶妃一起被逼殉而死去的。但入关统治全国后，这种做法即被废除。严格地说，自明英宗以后中国就不再有帝王用妃妾殉葬的制度。

人殉是中国古代的一种残忍的丧葬恶俗，一般认为出现于父系社会。父权家族把自己的妻妾孙女侍仆，视为自己的私有财产，对其有生杀权力。既然金玉珠宝都能随葬，人这种财物自然也难免。已发掘的秦公一号大墓主是秦穆公，其墓的殉人之多令人触目惊心，殉人尸骨多达184具，墓室上下层的平台上摆放有殉人棺具，有的甚至是裸葬。

而《史记》记载，秦穆公死后曾殉人达177人，实际出土却多出了7人，可能是临时处死的。周幽王是否有殉人，史料上并无记载。如果《西京杂记》所记是真实的话，这将进一步证实，中国古代的殉葬陋习，在西周时仍然是十分盛行的。

周幽王以坏的角度来说，杀人如麻，对大臣薄情寡义，又为博美人一笑，烽火戏诸候，拿国防来开玩笑，的确是个超级混蛋级的昏君。古代的君王由于是政治制度的原因，杀人往往不需要理由，那些大臣不识相，一昧地说忠言，把自己的脑袋都说没了不说，还把家人的脑袋也说没了，这多是活该，那是他们不够聪明，对人性恶的一面不了解。以人性来说，人都喜欢听好听的，不喜欢忠言，因为忠言往往会让帝王失去自尊和优越感。因此从来没有那个皇帝发自内心的喜欢忠言，周幽王也不例外，所以周幽王不爱江山爱上一个美人并没有错，错在他重用了一个无能的佞臣；周幽王为博美人一笑也并没有错，错在他把事情搞大了，玩什么不好玩烽火台，把自己的个人情感问题上升到了国家安全问题，以小家利益为先，现在看来是万万行不通的。

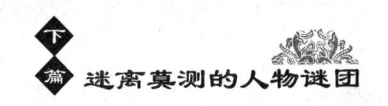

勾践十年生聚：卧薪尝胆的秘密

卧薪尝胆的故事催人奋进千百年，如果说是假的，后世人好生尴尬。如果说是真的，又有许多证据反驳它。总之，真真假假，让人困惑不已。

勾践传奇一生

越王勾践的祖先是夏禹的后裔，是夏朝少康帝的庶出之子。少康帝的儿子被封在会稽，恭敬地供奉着夏禹的祭祀。他们身上刺有花纹，剪短头发，除去草丛，修筑了城邑。二十多代后，传到了允常。允常在位的时候，与吴王阖庐产生怨恨，互相攻伐。允常逝世后，儿子勾践即位，这就是越王。

越王勾践元年，吴王阖庐听说允常逝世，就举兵讨伐越国。越王勾践派遣敢死的勇士向吴军挑战，勇士们排成三行，冲入吴军阵地，大呼着自刎身亡。吴兵看得目瞪口呆，越军趁机袭击了吴军，在檇李大败吴军，射伤吴王阖庐。阖庐在弥留之际告诫儿子夫差说："千万不能忘记越国。"

三年，勾践听说吴王夫差日夜操练士兵，将报复越国一箭之仇，便打算先发制人，在吴未发兵前去攻打吴国。范蠡进谏说："不行，我听说兵器是凶器，攻战是背德，争先打是事情中最下等的。阴谋去做背德的事，喜爱使用凶器，亲身参与下等事，定会遭到天帝的反对，这样做绝对不利。"越王说："我已经做出了决定。"于是举兵进军吴国。吴王听到消息后，动用全国精锐部队迎击越军，在夫椒大败越军。越王只聚拢起五千名残兵败将退守会稽。吴王乘胜追击，包围了会稽。

越王对范蠡说："因为没听您的劝告才落到这个地步，那该怎么办呢？"范蠡回答说："能够完全保住功业的人，必定效法天道的盈而不溢；能够平定倾覆的人，一定懂得人道是崇尚谦卑的；能够节制事理的人，就会遵循地道而因地制宜。现在，您对吴王要谦卑有礼，派人给吴王送去优厚的礼物，如果他不答应，您就亲自前往事奉他，把自身也抵押给吴国。"勾践说："好吧！"于是派大夫文种去向吴求和，文种跪在地上边向前行边叩头说："君王的亡国臣民勾践让我大胆地告诉您的办事人员：勾践请您允许他做您的奴仆，允许他的妻子做您的侍妾。"吴王将要答应文种。伍子胥对吴王说："天帝把越国赏赐给吴国，不要答应他。"文种回越后，将情况告诉了勾践。勾践想杀死妻子儿女，焚烧宝器，亲赴疆场拼一死战。文种阻止勾践说："吴国的太宰嚭（坏）十分贪婪，我们可以用重财诱惑他，请您允许我暗中去吴通融他。"于是勾践便让文种给太宰嚭献上美女珠宝玉器。伯嚭欣然接受，于是就把大夫文种引见给吴王。文种叩头说："希望大王能赦免勾践的罪过，我们越国将把世传的宝器全部送给您。万一不能侥幸得到赦免，勾践将把妻子儿女全部杀死，烧毁宝器，率领他的五千名士兵与您决一死战，您也将付出相当大的代价。"太宰伯嚭借机劝说吴王："越王已经服服贴贴地当了臣子，如果赦免了他，将对我国有利。"吴王又要答应文种。伍子胥又进谏说："今天不灭亡越国，必定后悔莫及。勾践是贤明的君主，大夫文种、范蠡都是贤能的大臣，如果句践能够返回越国，必将作乱。"吴王不听伍子胥的谏言，终于赦免了越王，撤军回国。

勾践被困在会稽时，曾喟然叹息说："我将在此了结一生吗？"文种说："商汤被囚禁在夏台，周文王被围困在羑（有）里，晋国重耳逃到翟，齐国小白逃到莒，他们都终于称王称霸天下。由此观之，我们今日的处境何尝不可能成为福分呢？"

吴王赦免了越王，勾践回国后，深思熟虑，苦心经营，把苦胆挂到座位上，坐卧即能仰头尝尝苦胆，饮食也尝尝苦胆。还说："你忘记会稽的耻辱了吗？"他亲身耕作，夫人亲手织布，吃饭从未有荤菜。从不穿有两层华丽的衣服，对贤人彬彬有礼，能委屈求全，招待宾客热情诚恳，能救济穷人，悼慰死者，与百姓共同劳作。越王想让范蠡管理国家政务，范蠡回答说："用兵打仗之事，文种不如我；镇定安抚国家，让百姓亲近归附，我不如文种。"于是把国家政务委托给大夫文种，让范蠡和大夫柘稽求和，到吴国作人质。两年后，吴国才让范蠡回国。

勾践从会稽回国后七年，始终抚慰自己的士兵百姓，想以此报仇吴国。大夫逢同进谏说："国家刚刚流亡，今天才又殷实富裕，如果我们整顿军备，吴国一定惧怕，它惧怕，灾难必然降临。再说，凶猛的大鸟袭击目标时，一定先隐藏起来。现在，吴军压在齐、晋国境上，对楚、越有深仇大恨，在天下虽名声显赫，实际危害周王室。吴缺乏道德而功劳不少，一定骄横狂妄。真为越国着想的话，那越国不如结交齐国，亲近楚国，归附晋国，厚待吴国。吴国志向高远，对待战争一定很轻视，这样我国可以联络三国的势力，让三国攻打吴国，越国便趁它的疲惫可以攻克它了。"勾践说："好。"

　　过了两年，吴王将要讨伐齐国。子胥进谏说："不行。我听说勾践吃从不炒两样好菜，与百姓同甘共苦。此人不死，一定成为我国的忧患。吴国有了越国，那是心腹之患，而齐对吴来说，只象一块疥癣。希望君王放弃攻齐，先伐越国。"吴王不听，就出兵攻打齐国，在艾陵大败齐军，俘虏了齐国的高、国氏回吴。吴王责备伍子胥，伍子胥说："您不要太高兴！"吴王很生气，伍子胥想自杀，吴王听到制止了他。越国大夫文种说："我观察吴王当政太骄横了，请您允许我试探一下，向他借粮，来揣度一下吴王对越国的态度。"种向吴王请求借粮。吴王想借予，伍子胥建议不借，吴王还是借给越国了，越王暗中十分喜悦。伍子胥说："君王不听我的劝谏，再过三年，吴国将成为一片废墟！"太宰嚭听到这话后，就多次与伍子胥争论对付越国的计策，借机诽谤伍子胥说："伍员表面忠厚，实际很残忍，他连自己的父兄都不顾惜，怎么能顾惜君王呢？君王上次想攻打齐国，伍员强劲地进谏，后来您作战有功，他反而因此怨恨您。您不防备他，他一定作乱。"嚭还和逢共同谋划，在君王面前再三再四诽谤伍子胥。君王开始也不听信谗言，于是就派子胥出使齐国，听说伍子胥把儿子委托给鲍氏，君王才大怒，说："伍员果真欺骗我！"伍子胥出使齐回国后，吴王就派人赐给伍子胥一把"属镂"剑让他自杀。伍子胥大笑道："我辅佐你的父亲称霸，又拥立你为王，你当初想与我平分吴国，我没接受，事隔不久，今天你反而因谗言杀害我。唉，唉，你一个人绝对不能独自立国！"伍子胥告诉使者说："一定取出我的眼睛挂在吴国都城东门上，以便我能亲眼看到越军进入都城"，于是吴王重用伯嚭执掌国政。

过了三年，勾践召见范蠡说："吴王已杀死了伍子胥，阿谀奉承的人很多，可以攻打吴了吗？"范蠡回答说："不行。"

到第二年春天，吴王到北部的黄池去会合诸侯，吴国的精锐部队全部跟随吴王赴会了，唯独老弱残兵和太子留守吴都。勾践又问范蠡是否可以进攻吴国。范蠡说："可以了"。于是派出熟悉水战的士兵2000人，训练有素的士兵4万人，受过良好教育的地位较高的近卫军6000人，各类管理技术军官1000人，攻打吴国。吴军大败，越军还杀死吴国的太子。吴国使者赶快向吴王告急，吴王正在黄池会合诸侯，怕天下人听到这种惨败的消息，就坚守秘密。吴王已经在黄池与诸侯订立盟约，就派人带上厚礼请求与越国求和。越王估计自己也不能灭亡吴国，就与吴国讲和了。

这以后四年，越国又攻打吴国。吴国军民疲惫不堪，精锐士兵都在与齐、晋之战中死亡。所以越国大败了吴军，因而包围吴都三年，吴军失败，越国就又把吴王围困在姑苏山上。吴王派公孙雄脱去上衣露出胳膊跪着向前行，请求与越王讲和说："孤立无助的臣子夫差冒昧地表露自己的

心愿，从前我曾在会稽得罪您，我不敢违背您的命令，如能够与您讲和，就撤军回国了。今天您投玉足前来惩罚孤臣，我对您将唯命是听，但我私下的心意是希望像在会稽山对您那样，赦免我夫差的罪过吧！"勾践不忍心，想答应吴王。范蠡说："会稽的事，是上天把越国赐给吴国，吴国不要。今天是上天把吴国赐给越国了，越国难道可以违背天命吗？再说君王早上朝晚罢朝，不是因为吴国吗？谋划伐吴已 22 年了，一旦放弃，行吗？且上天赐予您却不要，那反而要受到处罚。'用斧头砍伐木材做斧柄，斧柄的样子就在身边。'忘记会稽的苦难了吗？"勾践说："我想听从您的建议，但我不忍心他的使者。"范蠡就鸣鼓进军，说："君王已经把政务委托给我了，吴国使者赶快离去，否则将要对不起你了。"吴国使者伤心地哭着走了。勾践怜悯他，就派人对吴王说："我安置您到甬东！统治一百家。"吴王推辞说："我已经老了，不能侍奉您了！"说完便自杀身亡，自尽时遮住自己的面孔说："我没脸面见到伍子胥！"越王安葬了吴王，杀死了太宰伯嚭。

勾践卧薪尝胆之谜

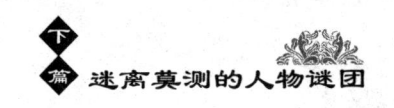

越王勾践夫妇在吴国，对夫差恭恭敬敬，相传他在吴三年，为吴王夫差驾车养马，夫人打扫宫室，住在潮湿的囚室里，受尽屈辱。伍子胥多次建议吴王夫差将勾践杀掉，靠着伯嚭的保护，勾践才免于被杀，终于得到赦免归国。勾践归国后，决心报仇，于是"目卧则攻之以蓼，足寒则渍之以水，冬常抱冰，夏还握火"，又"悬胆于户，出入尝之，不绝于口。"这就是历史上相传著名的"卧薪尝胆"的故事。

勾践身自俭朴，"出不敢奢，入不敢侈"，"食不重味，衣不重彩"，日勤于政，"未尝一日登玩"。他自己耕田而食，夫人织布而衣，节省开支，以增强国力。勾践返越后，大力发展生产，繁息人口。他下令10年不收租税，让百姓"居有三年之食"。奖励生育，以繁衍人口。禁止壮男娶老妇为妻，老男娶壮女为妻。女子17岁不嫁，男子20岁不娶，父母有罪。妇女将分娩时，报告官府，官府派医生守护接生。生男孩，送给两壶酒、一只犬；生女孩，送给两壶酒，一只小猪。若一胎生两个，官府供给衣食，若一胎生3个，官府给请保姆喂养。对鳏寡孤独都有相应的照顾。缓刑薄罚，以安定民心。整饬内政，招贤纳士。重用文种、范蠡、计然等

人。选国内"达士",给以上等住宅,供给上等的衣食,使他们为国效忠出力。招募贤才,有从诸侯国来越的游士,勾践一定在宗庙中举行隆重的接待礼,并根据各自的特长任用。如勾践以文种治内政,范蠡治军事、外交,计然管理财政等。加强军事训练。按里闾的行政组织征集、编制兵员。制造利剑强弓,训练"习流"水军。用重赏严刑教育士卒勇于听命,乐于立功,"进则思赏,退则避刑",建筑城郭,加固边防。这就是勾践实行的"十年生聚,十年教养"的策略。

勾践卧薪尝胆,励精图治,最终雪耻灭吴的故事一直在流传,然而有人提出疑问:历史上真有"卧薪和尝胆"这回事吗?

《左传》的"定公""哀公"两代君王历史部分,大量记述了越王勾践当政国事,但没有提过他有卧薪尝胆之事,《国语》中的《吴语》和《越语》记载了吴越争斗经过,却也没有勾践卧薪尝胆的叙述。《史记·越王勾践世家》中,仅记载勾践:床前悬挂苦胆,坐卧都看得到,吃饭时尝尝苦胆的滋味。司马迁认定勾践有尝胆之事,但没提卧薪之事。什么时候出现"卧薪尝胆"这个成语呢?北宋文学家苏轼写过一篇《拟孙权答曹操书》。北宋的苏轼为三国孙权虚拟一篇书信给曹操,信中,苏轼发挥想像,戏说孙权"卧薪尝胆"。这个无中生有的事,与勾践并不相关。到南宋时期,吕祖谦在《左氏传说》中,谈到吴王夫差"坐薪尝胆"。明朝张溥在《春秋列国论》中说,夫差位,为报父仇,卧薪尝胆激励自己。这种说法把夫差举出来,没勾践什么事儿了。

南宋的书籍却屡屡提到越王勾践卧薪尝胆,明末梁鱼的《浣溪沙》剧本,又极力渲染勾践苦心志、劳筋骨,卧薪尝胆的英雄作为。明末作家冯

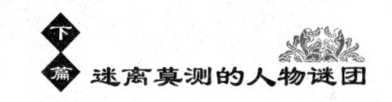

梦龙在自己的历史小中,也多次提到勾践卧薪尝胆的故事。

《吴越春秋》中《勾践归国外传》又是如此记载说:王归国后,磨砺身心,日夜操劳。困极之时,"攻之蓼"。蓼是非常苦的菜,蓼菜多了,就是蓼薪。勾践困了,就用苦菜刺激眼睛鼻子,打消睡意。"尝胆"是嘴体味苦滋味,"卧薪"则是"目卧则攻之以蓼薪",不让眼睛闭上睡觉。后人把"卧薪"说成是卧倒在柴草上,是《吴越春秋》的误解,误传。

卧薪尝胆的故事催人奋进千百年,如果说是假的,后世人好生尴尬。如果说是真的,又有许多证据反驳它。总之,真真假假,让人困惑不已。

夫差败于勾践,尽管原因复杂,但归根结底也是从误中"美人计"开始的。吴、越交战,先是吴国胜券在握,越国眼看就要被吃掉了。勾践无奈之下,号令于三军说:"凡我父兄昆弟及国子姓,有能助寡人谋而退吴者,吾与之共知越国之政。"文种听后,便对勾践说:"夫虽无四方之忧,然谋臣与爪牙之士,不可不养而择也。譬如蓑笠,时雨既至,必求之。今君王既栖于会稽之上,然后乃求谋臣,无乃后乎?"勾践觉得文种这话很有道理,便与文种携手共商复仇大计。计从安出?首先使用的依然是"美人计"。文种出使吴国,对夫差及其大臣们说:"寡君之师徒不足以辱君矣,愿以金玉、子女赂君之辱,请勾践女女于王,大夫女女于大夫,士女女于士。越国之宝器毕从,寡君率越国之众,以从君之师徒,唯君左右之。若以越国之罪为不可赦也,将毁宗庙,系妻孥,沉金玉于江,有带甲兵五千人,将以致死。乃必有偶,是以带甲兵万人事君也,无乃即伤君王之所爱乎?与其杀是人也,宁其得此国也,其孰利乎?"夫差听了怦然心动,伍子胥却谏曰"不可",说应该趁势杀了勾践,灭了越国才对。越国

见此计受阻，又"饰美女八人"，前去收买吴国太宰。果然夫差听信太宰谗言落入圈套，与越国达成休战协议，并以勾践为质。三年后，勾践归越，卧薪尝胆，大肆收买人心，重修君民好合，增强综合国力，加紧复仇备战，直到复仇名命令一下达，越国军民同仇敌忾，"败吴于囿，又败之于没，又郊败之"，一举灭了吴国。

综观勾践复仇始末，"美人计"无疑起了重要作用。假如夫差能够抵住"物色美色"的进攻，那吴、越争霸的历史便要重写了。

据载，夫差眼看大势已去时，曾亲向勾践求饶说："寡人之师徒，不足以辱君矣。请以金玉、子女赂君之辱。"按理，胜败乃兵家常事，男子汉大丈夫，头被割了也就碗大个疤。但夫差面对死亡，毫无男子汉气节，这真可谓"黔驴技穷"、可怜至极，不能不令人汗颜侧目。

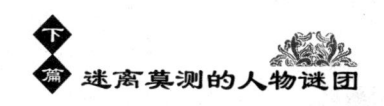

"勾践尝粪"确有其事

勾践像春秋末年,诸侯争霸战争的舞台转移到了东南地区。新崛起的吴、越两国展开了争夺霸权的斗争。公元前496年,越王勾践打败吴国,吴王阖闾因箭伤而死,其子夫差即位为吴王。夫差不忘父仇,两年以后便打败越国,把越王勾践包围在会稽山上。在越军即将遭到灭顶之灾的危急时刻,大夫文种向勾践说:"现在形势非常危急,唯有向吴王求和,才是唯一的生路。"勾践说:"吴王不同意求和,那怎么办呢?"文种说:"吴国太宰伯,其人贪财好色,忌贤妒能,却为夫差所宠信。相国伍子胥功高自负,持严太急,二人志趣不合,常生龃龉之心。我若能私交太宰,讨其欢心,向他求和,太宰言于吴王,没有不听之理。即使伍子胥阻挠,吴王必不采纳。他们君臣不同心,对我更加有利。"于是勾践派文种以美女八人、白璧二十双、黄金千斤前往贿赂伯嚭。伯嚭果然悉数收下,带文种晋见吴王,说明越王勾践求和之意。在伯嚭的极力撺掇之下,夫差同意了越国的求和,但要求勾践及其夫人入吴为人质,做臣奴三年。伍子胥得知消息,非常愤怒,极力反对。但是目光短浅的夫差却拒绝了伍子胥的正确主张,勾践在吴国服役的三年期间,以常人罕有的忍耐力侍奉夫差,以博取

夫差的信任。有一次夫差患病，勾践夫妇多次前往探视。夫差要大便，勾践赶忙把便桶拿到床前，又帮夫差擦身，随后又把便桶提到外面，在众目睽睽之下，跪在地下亲尝粪便。他回到寝宫，用无比喜悦的语调对夫差说："病人的粪便如果不臭，性命就有危险，如果是臭的，就表示生理正常。大王的粪便是臭的，一定会很快痊愈的。"勾践的这一异常举动使夫差非常感动，他说："一个人至重的是生命，最苦的是疾病。勾践为了寡人的病，不惜亲尝粪便，勾践正是一个仁至义尽的人啊。寡人却把他当囚犯对待，实在惭愧得很。"于是就提前把勾践释放回国。

勾践回国后，为了进一步迷惑夫差，他做的第一件事，就是在国内挑选了一位美女西施送给吴王夫差。夫差高兴得不得了，特地为西施在姑苏城外修建了一座最豪华的宫殿姑苏台。从此，夫差迷恋美色，把军国大事完全置之脑后。就在夫差销魂于姑苏台的轻歌曼舞之中的时候，越王勾践却卧薪尝胆，为复国进行紧张而秘密的准备。公元前482年，吴王夫差率领吴军北上争夺霸权，在黄池大会诸侯，争当盟主。勾践抓住这个有利时机，向吴国发动突然袭击，包围姑苏，焚烧了姑苏台。夫差得知消息，狼狈回军救援。在姑苏城外，越军大败吴军。夫差向勾践求和，勾践说："20年前，苍天把越国赐予你，你不接受。现在它又把吴国赐予越国，我不敢拒绝。"夫差求和无望，被迫自杀。吴国就此灭亡了。

在封建强权社会中，古代帝王作为国家最高统治者，挥斥方遒，勾勒着历史发展的螺旋轨迹。他们或以丰功伟业称霸于世，或以绝妙文采震烁古今，或以雄韬伟略彪炳史册，或以昏庸残暴臭名昭著……不一样的帝王，却有着一样的神秘。高墙围起的宫禁中，帝王的生活是那么的遥远，又是那么的传奇；斑驳的史书中，却又有着那么多语焉不详或者歌功颂德的文字。当代人不能穿越时空，直面圣灵，只能发无限的思古幽情去仰视帝王，带着新奇的心理对帝王进行剖析。当史料更新，浮云飘去，帝王的真相必将展现于世人眼前。

勾践是春秋时期吴越争霸的最终赢家。在这场旷日持久的诸侯争霸中，越王勾践凭借坚强不屈的毅力和忍辱负重的耐力最终获胜，留下了许多为后人称道的典故，这其中最为人称道的当是"卧薪尝胆"的故事。然而关于越王勾践是否真的曾经卧薪尝胆，却是众说纷纭。有的说他从来没有卧薪尝胆，有的说他"卧薪"而没有"尝胆"，那么事实到底是怎样的呢？难道这个流传千古的帝王发愤图强的典故，竟然成了欲盖弥彰的弥天大谎？

据史书记载，春秋时期吴越之间积怨深久，公元前496年，吴王阖闾率军攻打越国，却反被越国打败，阖闾死于败逃途中。他的儿子夫差继位后，时刻提醒自己，勿忘国耻，为父报仇。他重用伍子胥和伯嚭，大规模操练兵马，经过两三年的精心准备，夫差亲率人马攻打越国。越王勾践率军迎敌，结果大败，勾践带领所剩的五千兵马逃到了会稽，还是被吴军围了个水泄不通。越王只得派文种去和吴国议和，议和的结果是勾践夫妇必须到吴国为仆，越王勾践虽贵为君主，但事已至此，不得不忍受屈辱，答应了吴王的要求。

公元前492年，勾践把国家交给文种和一些大臣治理，自己带着妻子和范蠡来到吴国作奴仆。夫差为了羞辱他，就派他住在阖闾坟墓旁边的一个小石屋里。勾践每天守坟、喂马、除粪、打扫，把这一切打理得井然有

序，没有丝毫的怨言，也没有丝毫的怠慢。夫差骑马出门的时候，他拉过马，恭恭敬敬地献上缰绳，他甚至诚心诚意地帮夫差牵着马穿过市井，这一切，让有意刁难他的夫差无可奈何。甚至有一次，夫差病了，他前去问候，为了讨得夫差的欢心，他竟然拉开马桶盖亲尝夫差刚拉的大便，这也就是历史上著名的"问疾尝粪"的典故。勾践三年来的忍辱负重，终于换取了夫差的信任，夫差认定勾践已是真心臣服，于是放心放他们回国。这一放，却给了勾践东山再起的机会。

《左传》和《国语》是现存最早的记载吴越争霸和勾践事迹的历史典籍，而且距当时的历史较近，其中记载的史实也较为可信，因而具有较高的参考价值。但在这两本史籍中，都没有讲到越王勾践卧薪尝胆的行为，这不能不让人生疑。

到了西汉，司马迁在《史记·越王勾践世家》中有这么一段话："吴既赦越，越王勾践返国，乃苦身焦思，置胆于坐，坐卧即仰胆，饮食亦尝胆也。"司马迁的话是非常明确的，勾践确实有"尝胆"的行为。但"卧薪"呢？司马迁笔下的"苦身"是不是就是指的"卧薪"呢？司马迁并没有给出更为详细的交待。

东汉时期，袁康、吴平作《越绝书》，赵晔作《吴越春秋》，这两本书虽然是专门记录春秋时期吴越两国历史的书，但它们却只是以先秦历史为基础，又加上了小说家的荒诞想象。《越绝书》中"卧薪"、"尝胆"都未被提及；《吴越春秋》中的《勾践归国外传》，也仅仅提到越王勾践"悬胆在户外，出入皆尝，不绝于口"，而根本没有提"卧薪"一事。

最先把"卧薪"、"尝胆"这两个词连在一起用的是苏轼。他在《拟

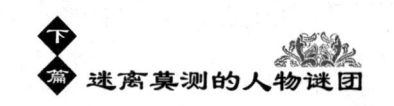

孙权答曹操书》这一带有游戏色彩的书信中，说孙权曾"卧薪尝胆"。但真正把"卧薪尝胆"用在勾践身上并使之广为流传的是众多的文学作品。明朝末年，在传奇剧本《浣纱记》中，梁辰鱼对越王勾践"卧薪"、"尝胆"的事情进行了大篇幅的描写。清初，吴乘权在《纲鉴易知录》中写道："勾践叛国，乃劳其凝思，卧薪尝胆。"后来，明末作家冯梦龙在其刊刻的历史小说《东周列国志》中多次提到过勾践"卧薪尝胆"的故事。正是这些文学作品的描述，让越王勾践"卧薪尝胆"的故事家喻户晓、广为流传，但其真实性还需进一步考证。

也有学者认为，东汉时期《吴越春秋》中的《勾践归国外传》中就有越王勾践"卧薪"之事记载。文中说越王勾践当时"苦身焦思，夜以继日，用蓼攻之以目卧"。蓼，清代马瑞辰解释说是"蓼薪"苦菜，商务印书馆出版的《古汉语常用字字典》（1998年版）上解释是："植物名。种类很多，味辛辣。比喻辛苦。"由此看来，勾践准备了许多"蓼薪"一定是用来磨炼意志的。这样，《勾践归国外传》中的话意思就十分明显了：那时勾践冥思苦虑，日夜操劳，眼睛十分疲倦，就想睡觉，即"目卧"。但他用"蓼薪"来刺激自己，以便能够忍耐克服，避免睡觉。"卧薪"、"尝胆"分别是让视觉和味觉感到苦。由此可知，后人把"卧薪"说成是在硬柴上睡觉，是曲解了《吴越春秋》的意思，因为"卧薪"是眼睛遭受折磨而不是身体遭受折磨。这种说法的结论是：尽管后人误解了这个词语的意思，但勾践确实有过"卧薪尝胆"的行为。这似乎与司马迁笔下的"苦身"之间存在若干联系。综合这种种史料和因素，我们不妨设想：他可能是深夜累了的时候，就借助"蓼薪"来提神，再或者就靠在柴

草上小睡一会，惊醒之后，继续劳作。但这也只是设想而已。

　　这样看来，勾践"尝胆"是确有其事的，《史记》和《吴越春秋》等史书都明确提到过。而关于勾践"卧薪"之说，却是今人误解了古人的记载，这里的"卧薪"并不是指躺在柴草上睡觉，而是用蓼草刺激自己的眼睛，使自己不至于犯困睡着，从这个意义上来说，"卧薪"也是存在的。事实上，研究勾践究竟有没有卧薪尝胆，史书记载的"卧薪"与我们今天理解的"卧薪"有什么不同固然重要，但更重要的却是学习勾践坚忍不拔、百折不挠的精神，正是这种精神帮助勾践战胜了吴国。越王勾践忍辱负重、卧薪尝胆的故事也成为历代华夏儿女的英雄榜样，激励着后来一代又一代的文人义士建功立业，为我们伟大的中华民族留下了宝贵的精神财富。

勾践背后的女人

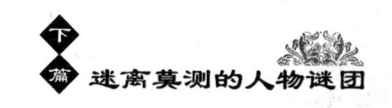

雅鱼，勾践的女人，越国的王后。在勾践还是监国太子的时候，她就和大将军灵姑夫的妻子私下交好，以姐妹相称，灵姑夫将军耿直勇武，是江山的磐石砥柱，是在军队里根深蒂固、拥兵自重的司马大元帅石买的女婿。自古妇人不干政，这是明理，但是女人会像水一样渗透到男人的思维里，去影响自己男人的行动，直到出兵伐吴大败的时候，灵姑夫单枪匹马为勾践挡住追兵，血气惊天，战完最后一口气才头颅点地轰然倒下。

勾践骂走了军师范蠡以后，雅鱼从楚国接来了范蠡的母亲，以绕指之柔行大礼奉重禄对待。范蠡这人有文韬精武略，胸中有丘壑，风流倜傥，凡这样的旷世奇才基本都是廉正的大孝子，范母也是深明大义的女人，之后范蠡自然会全心为国，一是为了忠君尽职，二是为了不让母亲失望。

勾践出征吴国去了，雅鱼和范蠡守国，在丈夫身陷重围后，她果断地让范蠡悉数带领王宫仅剩的三千士兵去增援，只是留下几个粉黛宫娥，她让人架起干柴，浇上油脂，手持火把，等待丈夫的消息，如果吴国军队敢踏进后宫半步，她随时准备焚烧宫殿，慨然殉国，那种忠烈凛然一般男人也未必有。

越国终于败了，越王和大臣们被锁上铁链脚镣，跋山涉水地押往吴国，这些王公贵胄哪里受过这种苦累，像淬火一样的行程中，雅鱼始终跟在勾践的后面，像是勾践身体的一个器官，娇弱的身子跌跌撞撞，风华绝代也披头散发了，她甚至能对拉扯勾践的骑兵大吼一声"慢点！"。在吴国的大牢里，他为勾践梳头打理，勾践被吊在大镣上十几天，滴水不进，她跪下举着碗求丈夫吃饭，被勾践一头顶翻，十几天里她都抱着丈夫的腿睡在大镣下，一刻也不离开，日晒风吹，夜露晨霜，粗布麻衣，让人心痛。

吴国丞相伍子胥最是老谋深算，他为了胁迫晋国使者签订对吴国有利的不平等条约，同时又能一石二鸟，试探出越王勾践是真疯假疯，就在雅鱼的身上打主意。他当着勾践的面要把雅鱼带给晋使，只要丈夫说一个不字，妻子就可留下，勾践没说一句话，如果说了，结果必然是越国囚徒全部被杀戮，何谈十年磨剑，卧薪尝胆。雅鱼被带走了，拼命抵抗，终遭玷污，第二天伍子胥把她送回来的时候，勾践仍旧没说一句话，只是撩起帘子把自己的女人抱下车，抱回大牢里，关上牢门……雅鱼坐在蜡烛前面的杂草中说："大王，是我不好，你随时可以赐我一死……其实我已经死过很多次了，我千百次地想到过死，在吴国攻破越国都城的时候，在被押解往吴国的路上，在你被锁在大镣上的时候，在我被侮辱的时候……可是我想通了，我不死，我要看着大王你重整山河，雪耻复仇的时候，不是我不死，是我不能死，我要等着那一天的到来。"勾践还是一句话也没说，躺在自己女人的怀里，在阴影里抿着嘴皱着眉。作为一个男人，吴王屈膝跪下不算什么，给他喂马甚至查病尝粪也不算什么，可是只有这一刻他的心在滴血，他一句话也不说，直到10年后，三千越甲吞并吴国的时候他也没再提起这件事，可是从那以后，雅鱼也没再让丈夫碰过自己的身体。作为一个女人，在暗夜里她喝着自己的眼泪，安静下来，一次次地不堪回首，一寸寸地烧灼自己的心，而白天的时候，她还是笑脸伺候着自己的丈夫，供奉着自己的大王，梳理着自己男人的疏忽和纰漏，砥砺着他的锋刃，迂回鞭策着他的决心，以一个王后的尊严和聪慧思考着国的安危。

勾践被放回越国后十几年间励精图治，住在马棚里，睡在柴草上，尝尽了几十个苦胆，暗地里呕心沥血，磨刀秣马，日日夜夜不忘复仇。也就在这十几年中，雅鱼一直在给勾践缝制一件衣服，那就是王袍，她把自己全部的生命都缝缀在了这件衣服上了，就在勾践重新发起雪耻之师出征吴国时，她亲手给丈夫穿上，终于天道酬礼，勾践打败吴军，灭掉吴国，胜利凯旋的消息传到后宫，雅鱼把她的所有首饰拿出来分给了宫女仆役，让他们各自回家去了，然后了结了自己的生命。

那一刻勾践哭了，他三天三夜没吃没喝没出后宫，守着雅鱼的尸体，群臣跪在大殿上苦等自己的大王，大王终于出来了，他背对群臣，抚摸着宫门说"所有人，不要移动这里的一草一木，一衣一物，你们去会稽山弄些土来，把这个王宫埋了，作为雅鱼的陵墓。"

附 录

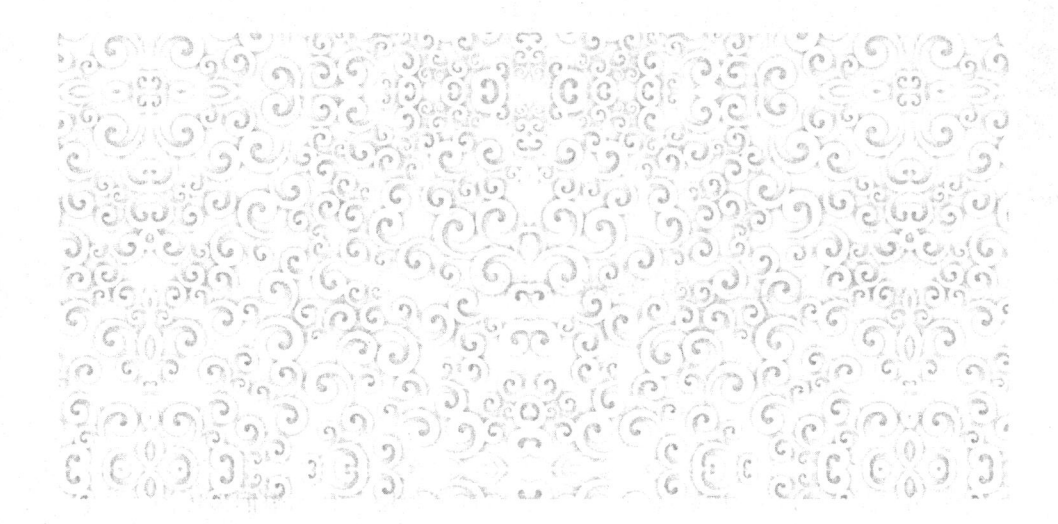

姜子牙出生地之谜

据考西周开国功臣姜尚（字子牙，又称太公望）其先祖伯夷佐禹治水有功，虞夏之际封于新蔡（今河南新蔡）为古侯国，姜寨为古吕属地，吕侯之后，姜子牙生与此，故名姜寨。《汝宁府志》载："姜寨在新蔡北四十里，姜子牙为吕侯后，故有姜寨，今属颖州"。姜寨集北有古冢一处，相传为姜子牙先祖墓，曾出土铜镜、铜剑，见风即碎，姜寨南头涎河北岸有高台，相传是姜子牙的钓鱼台。姜寨集筑围建寨时，因是姜尚故里，故取名姜寨。

东吕国建于新蔡县。司马迁在《史记·齐太公传》中指出：姜子牙"先祖尝为四岳，佐禹平水土，甚有功。虞夏之际封于吕，或封于申，姓姜氏。……尚其后苗裔也。本姓姜氏，从其封姓，故曰吕尚。"出生在古吕国。新蔡与阜阳所辖之地为古侯国，是西周姜子牙的出身地，所以姜子牙封地也故于此。姜太公姓姜或吕氏，名尚，炎帝世孙，伯夷之孙。后封地齐国，今山东地，频临大海。身边有一子，而周武王身边两个的儿子，早毙。但武王姬发的一个女儿，尊为公主，就招募了姜子牙的儿子为驸马，至此两家就成了亲家，进一家之门。驸马同公主所生太子，就是后来禅位的周成王姬诵。

而姜子牙的儿子驸马与公主死后，则进行合葬，除上古时期的陶胚，陶器，玉器玉片，及首饰，玛瑙琥珀，铜镜，铜剑，金碗银壶部分甲骨文随葬外还有此时期青铜器，乐器，礼器，金器，银器，瓷器等。葬品在之前最为丰富，以表示纪念。姜子牙因周国国土东扩，至渤海，封齐国，已是年逾古稀。身边儿子是在古吕国属地姜寨，其夫人是吕国人，与姜子牙居住地相距不远。（周武王，姬姓，名发，谥武，日名为珷帝日丁，西周时代青铜器铭文常称其为珷。是西伯昌与太姒的嫡次子，其正妻为邑姜，西周的创建者。其中姜子牙也是姬姓，姬姓，嬴姓皇帝之后裔，同为颛顼大帝的后世子孙，姬姓是嬴姓的分支。）炎帝与黄帝是华夏族的始祖炎帝，传说上古时期姜姓部落的首领，黄帝同儿子在南征中，与强敌于姜水，在乱战中太子走失，待结束战争，皇帝返回北方，他的儿子也就在此地久住，并在此地繁衍，生有一儿一女，因出生姜水，所以改姓姜氏。

吕氏，姜尚，著有《六韬》，为中国最早的军事书籍，六韬》又称《太公六韬》、《太公兵法》、《素书》，是一部集先秦军事思想之大成的著作，对后代的军事思想有很大的影响，被誉为是兵家权谋类的始祖。司马迁《史记·齐太公世家》称："后世之言兵及周之阴权。皆宗太公为本谋。"北宋神宗元丰年间，《六韬》被列为《武经七书》之一，为武学必读之书。姜尚名望，字子牙，或单呼牙，也称吕尚，因是齐国始祖而称"太公望"，俗称姜太公，东海海滨人，西周初年，被周文王封为"太师"(武官名)，被尊为"师尚父"，辅佐文王，与谋"翦商"，后辅佐周武王灭商，因功封于齐，成为周代齐国的始祖，他是中国历史上最享盛名的政治

家、军事家和谋略家,太公姜尚活一百多岁而卒,葬在出生地古吕国。

姜子牙老年得志,为周文王、周武王修文练武、励精图治,并策划推翻商纣的暴政。文王病重,托孤姜子牙,武王姬发仍以姜尚为师。最后率军三万大败商军于牧野,为武王奠定周朝。姜子牙被分封于齐,是齐国的始祖。

姜太公由于小说与民间传说的风行,被许多人奉为神明,有时会以色纸,上书"姜太公至此"贴于家门等处,以求避邪消灾。它可以对付的对象不只是千军万马,还有法术精通的神仙道人、妖魔鬼怪等等,都样样精通,无所不能。

周朝的多姓族与分封制

古往今来，中华民族的形成过程，就是在华夏大地上繁衍生息的各民族相互接触、相互融合的过程。中国历来是一个姓氏众多的国家，周人以少数人群入主中原，统治范围曾包括今黄河、长江流域和东北、华北的大部地区。为有效地控制四方领土，周人以姓、氏、宗、族建礼法制度，分封诸侯，经几代征伐，百年磨合，终于将不同姓氏的宗族凝聚在了一起，为后世大汉民族的产生打下了牢固的基石。

早在商代，商人为有效地控制中原地区，一方面以法律与王权集中掌握资源，另一方面通过婚姻等方法，与各地诸侯国和藩邦建立起了庞大的姓氏宗族关系；使姓氏宗族、法律与王权相辅相成，成为商王朝统治四方的有效手段。当时，姓氏宗族的含义与今天不同，各自具有相应的含义。姓是指同祖的血缘集团，氏则是政治性的单位，同时也是姓的分族，宗是宗法制度下，按祖先祭祀的礼仪特权分级的序列，而族是指在同一旗号下的军事战斗单位。在商王朝的王畿以外，是与商王朝保持隶属、友好或敌对关系的各姓方国。这些方国在卜辞中称为多方，有三十多个，如周方、羌方、鬼方、土方、召方、盂方、人方等。他们都有不同的姓氏，周方姬

姓、羌方姜姓、鬼方媿姓、召方子姓（也可能是姬姓）、人方风姓……由此可见商的政治势力，仍以"姓"为国家的基础，其中再分出若干氏或族。

在立国前周国的地位只是商的附属，其国家基础也是以"姓"为纽带。牧野克商后，周人为维护其统治，先对商王朝过去的方国进行了一番征伐，以扫除各方国对新兴西周政权的威胁。《逸周书·世俘解》是西周时期人留下的记录，其中说武王在牧野之战后的第六天，就命召伯等西周将领率军对商王朝周边各方国进行了剿伐。到牧野战后的第四十二天，各将领先后凯旋而归，献上了战俘，俘虏竟然多达几十万，这在当时可不是一个小数目啊！

周王朝建立后，周人进一步吸收继承了商王朝文化，发展了商人的姓氏宗族制度。这就促使在西周时期，姬姓周人与子姓殷人的交融在各姓部族中首当其冲。

西周立国，周人为了能控制殷商遗民，容忍了商王室的残余势力继续存在。如前文所提到的"三监"和后来周公封微子于宋等史实，都是在周商两姓相互融合的这一社会背景下出现的。"三监叛乱"与周公的东伐则是在大融合背景下姬姓与子姓两姓宗室矛盾的突出表现。西周铜器铭文中铸刻着颇多东征之役的记载，这些记载也从侧面佐证了西周姬姓与殷商子姓之间在西周初年存在着相当的矛盾。如1924年凤翔出土的里方鼎就有"佳周公于征伐东夷"的铭文，证实了周公东伐的历史可靠性。

"三监"之叛后，周公为彻底解除殷商友邦与其他方国势力对西周王朝的威胁，对外征伐的战线拉得很长：北到梁山，南到淮上，由殷商王畿往东，张开成一个扇形，包含了今山东及其南北邻近诸多地区。参与这次大规模征伐的西周将领主要是周公、召公及太公姜尚的儿子。三年的战事对新王国是一次严重的考验。战事过后，周公采取了一系列的措施以充实周王国的凝聚性。具体方略包括完成了武王的遗愿，建立了东都成周和分封了大批姬姓与姜姓诸侯，使姬姜两姓的宗族控制全国的卫、鲁、晋、燕、齐等战略要地，为周王朝的长治久安打下了稳固的基础。经过周公一番调整后，周人与东土的各姓部族迅速糅合成为一个文化政治体系，逐渐形成了一个国族——华夏族。殷商时期，殷人只是自称为大邑，却没有"华夏"观念。而经过周人的军事与政治策略，周王朝内的各封国都自号华夏，成为了当时中华大地上的主干民族。

在西周时期，周朝所控制的核心地区居住的是渐渐融为一体的周商子民。而在周王朝统治的边缘地区，周人与其他若干古老的族群相激相荡，也在进行着另外一幅交融并合的画面。在中国历史上，各民族人名的读音，一是从译义，另一种则是译音。西周时期的古代族群以这种方式分为两大类。一群是姬姓、姜姓和子姓，人名都有意义可循，所代表的是商周交融的族群，是华夏文明的主干。另一族群的人名，在史书上记录时都是译音，今天我们已经不知道其名字的实际意义。归结到这一族群的人，多是当时生活在周王朝统治的边缘地区。如己姓、董姓、彭姓、秃姓、坛姓、曹姓、斟姓、芈姓、嬴姓、偃姓、盈姓、姒姓、弋姓等都是属于这一类。其中己、董、彭、秃、盘云、曹、斟、芈八姓应是祝融的后裔，嬴、偃、盈诸姓是属于徐偃集团，姒、弋等姓则是夏人后代。再加上南方的吴越与北方的戎狄，众多姓氏聚合在一起，构成了环围西周四方的各姓方国。

不同的姓氏代表着不同的文化传承。商、周文化主要源自于仰韶文化和龙山文化。己、董、彭、秃、坛、曹、斟、芈八姓的文化多系自祝融集团所代表的屈家岭文化圈。嬴、偃、盈诸姓的徐偃集团相当于是在大汶口文化以下发展而起的东方沿海文化圈。夏后代，姒、弋诸姓秉承的是光社文化一系（受龙山文化影响很大）。至于南方的吴越与北方的戎狄，其一是代表长江下游河姆渡以至良渚的文化系列，另一个则是属草原文化。因为文化距离较大，周人对边缘族群无法采取与殷商地区完全相同的文化融合政策。大体上，周人仍是对各方国的土著族群采用融合为主的策略，但如果周人的怀柔政策受到对抗时，周人也将付诸武力。总之，西周以姓氏宗族为纽带，结束了商王朝时期原始小邦林立的现象，是中华大地上的各民族凝聚共生的关键转型时期。可以说，没有西周，也就没有以后的中华民族。

周王朝建立之后为巩固新兴政权所推行的一系列措施中，最重要的就是在整个王朝内推行分封制度。其具体内容，简单地说就是周王将土地和人民分给诸侯，由诸侯在各地建立隶属于王朝的地方政权，协助周王统治整个王朝。在分封制度下，西周王朝分成由周王直接统治的王畿和由诸侯统治的畿外两大组成部分，周王对畿外的统治在很大程度上要假手于各地的诸侯。周王与诸侯之间的这种特殊关系，成为了西周时期国家结构的基本内容。

事实上，分封制度并不是西周时期才产生的新制度，早在夏、商时期就已经出现。如大禹曾"合诸侯于涂山"，参与会盟的就有"万国"之多；商汤克桀后，也在亳大会诸侯，参加会盟的诸侯也有三千之多。为了控制这些已经存在的方国诸侯，夏、商王朝的统治者就必须通过一种具有象征意义的授受方式以承认方国诸侯的合法地位，这种授受方式，就是分封制度的起源。作为周王朝建立地方政权的一种政治制度，早在文王时期分封就已开始。如东西两虢国就是由文王分封自己的两个弟弟建立的。在西周王朝的二百多年间，分封一直在不断地推行，直到西周晚期，周厉王还曾分封他的幼子友建立了郑国。

就分封的对象而言，周朝的分封分为两种类型。其一是对已存在各地的原有方国进行册封，以肯定各方国存在的合法性。另一类分封就是周天子对周室子弟、同族、亲戚以及周室外周朝各大功臣的分封。通过第一种分封方式，周王朝取得了各地方国的拥护和支持，建立起了庞大的王朝。而第二种方式的分封，则是保证周室控制天下，掌握政权的有效手段，也就是《左传》中所说的"封建亲戚，以藩屏周"。

西周时期几次大规模的分封都发生在武王统治及周公秉政时期。武王在位只有两年，他的分封目的是在克商之后迅速确立新兴王朝与各地区方国之间的关系，重建社会政治秩序，解决当时的政治事务。因此武王的分封，主要针对的是各地的方国势力。但这种分封也是有选择有策略的，《左传·昭公二十八年》说："武王克商，光有天下。其兄弟之国者十有五人，姬姓之国者四十人。"由此可窥一斑。周公秉政后，他经三年的时间扫平了海内，杀武庚，灭东方十七国，依靠军事力量击败了中原东部地区诸方国的反抗。东征胜利后，周公为了巩固胜利的成果，进行了大规模的分封。这次分封，仍对殷商旧势力予以承认保留，在诛灭武庚后，将商纣王的哥哥微子启分封到了宋，由他继续统领殷商旧人。但周公分封的主要

对象是王室子弟、克商功臣及姻亲旧友。《荀子·儒效》说中说："周公……兼制天下，立七十一国，姬姓独居五十三人焉。"周公把他们分封到了中原的东部、北部及中部等具有战略意义的地区，主要有鲁、齐、燕、卫等国。这些周王朝的王室亲戚和功臣们，被封侯于四方，镇守各地，确实为新兴王朝控制全国的局面做出了重要贡献。

西周武王以后分封的诸侯大部分都是文王、武王和周公的后裔。文王的后裔共分封了十六个国家，它们是管、蔡、郕、霍、鲁、卫、毛、聃、郜、雍、曹、滕、毕、原、酆、郇；武王的后裔共分封了四个国家，它们是邗、晋、应、韩；周公的后裔共有六国，分别是凡、蒋、邢、茅、胙、祭。这些新封的诸侯国，统辖范围都比较小，公侯统辖百里，伯统辖七十里，子男统辖五十里。可见分散在各地的新封诸侯国，实际就是周人布置在各地的一个个武装殖民点，发挥着维持王朝统治全国的巨大作用。

西周的分封制度中，对于各诸侯必须要臣属于周王这一方面，做出了明确规定。要求诸侯必须定期朝觐周王，向周王交纳一定的贡赋，诸侯的军队要捍卫周王室的安全，周王出征，诸侯要率军协助，诸侯征讨夷狄获胜，要向周王举行"献俘"仪式，表示胜利的果实属于周王。同时周王对于诸侯，亦具有很大的予夺权力。被分封的诸侯，其内部也有比较严格的等级划分。大体上说就是，爵定位次的尊卑，服定贡赋的轻重。西周时期的诸侯爵位分别有公、侯、伯、子、男五等。他们对周王的责任按照地位的高低分别安排，爵位高的纳贡多，爵位低的纳贡轻。

服分为内服和外服。侯、甸、男、卫为外服，是周天子封在王畿以外的诸侯国；采是内服，封在内服的是周朝内卿大夫的食邑。周灭商以前，周公、召公、毕公、太公、康叔等人在周国内都有封邑。另外周初的各地方国，还按照距离王都的远近和所在区域的不同划分为甸服、侯服、宾服、要服和荒服五个等级。国都近郊五百里内地区是甸服，甸服以外五百里的地区是侯服，侯服至卫服共二千五百里内地区总称为宾服，蛮夷地区为要服，戎狄地区为荒服。等级不同，诸侯对王朝所承担的义务也自然不同。甸服地区要供日祭，即供给天子祭祀祖父、父亲的祭品；侯服地区要供月祀，即供给天子祭祀高祖、曾祖的祀品；宾服地区要供时享，即供给天子祭祀远祖的祭品；要服地区要供岁贡，即供给天子祭神的祭品；荒服地区要来朝见天子，也就是"终王"。祭祀祖父、父亲，每日一次；祭祀高祖、曾祖，每月一次；祭祀远祖，每季一次；祭神，每年一次；朝见天子，终生一次。

西周的封建制度，一方面有个人的承诺与约定，另一方面又有血族姻亲关系加强其稳定性。二者的结合，便表现在了彝器铭文和礼仪上。而礼仪背后，实际上还是君与臣的个人关系，主上对下臣有礼，下臣对主上尽忠，上下双方互相履行权利与义务，这就是在姓氏宗族体制下发展形成的西周分封制。

西周的礼乐制度与社会体制

正如孔子评价的，在西周王朝统治时期，"天下有道，礼乐征伐自天子出"。正是"普天之下，莫非王土；率土之滨，莫非王臣"。王位的世袭制与宗法制度结合在一起，成为维系王室与四方诸侯的纽带；宗法制度又借助土地分封与礼乐征伐得以实践。四海之内，多是亲戚之邦，相互之间以礼为尊，上下分明，有效地维护了周王室在全国的统治秩序。

宗法制度是由原始社会晚期氏族内部的血缘组织关系进一步演变、发展的产物。"宗"字从"宀"从"示"，其本义是指宗庙。所谓的宗法，其实也就是宗庙之法。所以西周的宗法制，归根结底是一种规定宗族组织关系的社会制度。西周宗法制度的核心内容便是嫡长子继承制，但这并不是说西周一立国，嫡长子继承制就已经确立，这其中经过了一个过渡时期，在周成王时期才得以确立下来。西周王朝建立前，古公迁徙到岐山脚下，死后把君位传给了幼子季历；文王死后也是将君位传给了武王姬发，而没有传给长于姬发的伯邑考。这些都说明在西周初年，周人还没有建立起明确的嫡长子继承制。西周嫡长子继承制，是由周公制定确立的。他为了结束上层统治集团内部经常为争夺王权而造成的动荡，制定推行了王位嫡长子继承制。为了能让社会长治久安，他身体力行，摄政七年后，还政给了长大成人的成王，由此嫡长子继承制度得以确立。

长子继承制度规定，家业世代由嫡长子承继。嫡长子所传下的宗族系统是大宗，拥有传宗继祖权力的嫡长子，就是宗子，继承后即是宗主，是族人共同尊奉的对象。大宗的宗子在宗族中享有最大的权力，对整个宗族，拥有世世代代统率的权力，所以文献中也称大宗为"百世不迁之宗"。

在周人的丧礼中，三年之丧是最重的丧制，一般是儿子对于逝世的父亲应尽的孝道。因为宗子继祖，肩负着传祖先丧祭的重责。父亲与宗子的关系，就不只是纯粹天然的父子亲情，还包括了对祖先的崇敬和维护家族统治的政治需要。所以宗子如果早死，他的父亲也要为他服丧三年。非嫡长子，即庶子所建立的宗族称为小宗。小宗是相对于大宗而言，小宗的宗子，对本族内五服以内的族人拥有统率的权力。五服是指：小宗宗子同父的兄弟、同祖的兄弟、同曾祖的兄弟以及同高祖的兄弟。高祖以外的兄弟，则不再奉他为宗子。所以小宗又称为"五世则迁之宗"。大宗是世代不变的，小宗则随着血缘关系的逐渐疏远而不断更新，五服之内，只能产生四个小宗。宗法制度是按照等级原则建立起来的一种宗族组织制度。在宗法制度下，周王是大宗，诸侯是小宗。在诸侯国内，嫡长子继承的国君是大宗，其余庶子被分封为卿大夫，相对于诸侯而言，则是小宗。卿大夫的家内，嫡长子是大宗，其余庶子则是小宗。对于非周王实封的旧方国以及庶人阶层，其内部也按照嫡长子继承的原则分别建立起大宗与小宗。故宗法制度所维护的，是大宗宗子，即周天二严的绝对权力。

为维护宗法制度，西周社会以礼为尊。在西周时期，行使各项礼仪的

时候，又常常需要有相关的音乐演奏，所以礼乐并称。西周是上古礼乐文明发展的鼎盛时期。礼乐贯穿于当时社会生活的各个方面。在西周社会中，即使是一个身份普通的人（奴隶除外），从其出生到其死亡，礼仪会伴随他走过他生命中的每一个重要环节。而在西周的国家政治与大众的日常生活中，礼乐更是无所不至：大到新王继位，诸侯朝觐天子，天子册命官员，军队出征或凯旋，以及朝廷选拔人才；小到乡人聚会，朋友见面，事事都讲求礼仪，都有相关的礼仪规范。

按性质划分，西周时期的礼仪，共分吉、凶、军、宾、嘉五类，其中比较重要的礼仪是冠礼、婚礼、丧礼、祭礼和射礼。

冠礼在前面的相关链接中也曾经提到过，是指青年男子年满20岁时所举行的成年礼。冠礼前先要请巫师占卜，选定吉日。到了巫师确定的日期，冠者的父兄要邀请来宾作为青年成年的见证，并请贵宾为青年加冠三次，依次为爵弁、皮弁和玄端，它们是一名成年男子参加祭祀、视朔和朝会所需佩戴的首服。一名已经成年的男子，也不能再使用幼时的名字，所以冠礼中还要有加冠者起字的礼仪。在周人的字中，一般都要有表示长幼次序的伯、仲、叔、季等字样。排定了长幼顺序，男子在宗法社会中的地位也就得到了确定，加冠者便正式成为了社会生活中的一名新成员。

娶妻成家是成人后的男子的另一件大事，所以婚礼也是重要礼仪之一。西周时期的婚礼共有六道主要步骤，称作"六礼"。这六道步骤是：订婚、问名（即询问女子的私名）、纳吉、纳征、请期（指男方家族向女方家族约定结婚的日期），最后是迎亲。当然新媳妇初入夫家时，也要有一系列的仪式，成婚后的第二天，新媳妇还要先见公婆行见面礼，然后再举行庙见仪式，拜见列祖列宗。

西周时期的各项礼制中最为复杂的是丧礼的仪式。丧礼代表着一个人社会生活的结束。

在丧礼前，死者家属先要拿着死者生前穿过的衣服，登上屋顶，呼唤死者名字三次，做一个招魂仪式。招魂无效后，才开始办丧事。参加丧礼的人，除死者的亲人、同宗族的兄弟及同乡之人以外，士大夫阶层的丧礼国君也要派人参加。死者的灵柩上摆放着写有死者姓名的"铭"，这样死者的魂魄才能有所依托。丧礼的主要仪式有小殓及大殓。小殓是为死者备衣物，大殓则是死者入棺。举行小殓与大殓，都有亲人的哭诵相伴，还要向死者进献食物，一如死者生时。士大夫以上阶层的丧礼，周王或国君要派史官赐给死者一个谥号和一段诔词，诔词历述死者主要的生平事迹，并寄托哀思。谥号是给予死者的一个最终定论。此外，参加丧礼的人也都有财物奉赠。

周礼对每一个细节都有明确的规定，这些具体的规定就是"仪"，而每一个细节又都有固定的象征意义。总之，周代的礼制内容繁杂细致，有"经礼三百，曲礼三千"的说法。周人通过这些礼制表现着血缘关系与上下尊卑的理念。在这种关系下，周人被凝聚在了一起，国事家事结成一体。一个周人，从他的出生到死亡，一般都要经过生礼、冠礼、婚礼、丧礼及祭礼等，每一项礼仪都是由族群成员共同参加的宗族活动。在这些礼仪中，亲族关系得到了充分的体现。

西周王朝的社会体制，今天的我们只能推测出一个大致的轮廓，具体情况由于时间相距太过遥远、资料的缺乏，已难以恢复全貌。

首先说西周的官制。官职世袭制，是西周官僚体制的一个重要特征。西周王朝的职官一般都要经过周王的册命，而这些被任命的官职也遵守嫡长子继承的宗法制度，如不被天子免职，一般多具有世袭性。《礼记·王制》中就说过："凡执技以事上者，不贰事，不移官。"也就是说，被周王任命的官员只要不犯错误，就是世代相袭，不会更换。

在周王室内，一般周天子用太宰、太师、太保辅助，处理国家军政大事。太宰负责日常政务，太师执掌军国大事，太保主持祭祀；太宰、太师、太保三职，合称三公。如西周初年，太宰周公、太师姜尚和太保召公，就是当时的三公。三公与其他直接辅助周天子执政的官员合称为执政卿士。执政卿之下是"百寮"。如处理行政事务的有卿事寮，管理文化事务的有太史寮，除此之外还有公族寮、作册寮等。

在三公、百寮外，西周的政治、军事和建筑政务的执行，具体交给"三有司"来完成。所谓三有司，就是司徒、司马和司空，也称三司大夫。司徒负责管理土地、人口和耕籍等事务，其下有虞、场、林、牧、司王囿、奠人、邑人、官犬、里君等；司马负责军事，如征收军赋，训练士兵，执行军法等，其下有走马、师、师氏、亚旅、司旗、司弓矢、虎臣等；司空则专门负责王朝各项工程的建造。西周王朝各诸侯方国的官僚机构则几乎和中央一致，没有什么太大的变化。

西周时期的刑法体制较前代有了进一步发展。根据史料推测，西周时期的律法可能是在周穆王时得到完善的，这就是在前面已经提到过的《甫刑》。《甫刑》的大致情况这里就不做重复了。不过从《甫刑》的内容上看，尽管制定了各种死刑、肉刑，但与商代刑法比，还是减去了不少残忍的刑罚，而且会根据实施刑法的时间及地点的不同而变化，具有一定的弹性。西周时期法律制度的一个重要特征就是礼、刑并用，对"不孝不友"等违背宗法制基本伦理的行为，主张"刑兹无赦"，而且一般情况下还能做到"明德慎罚"的。但西周刑法毕竟是维护统治阶层的法律，其法律"礼不下庶人，刑不上大夫"，也使其具有了鲜明的时代特点。

在军事上，西周王朝军队的最高军事编制是军，由五个师构成。不过由于当时的社会条件，在铭文材料中从没有见到过军的编制。一般出征战斗的单位是师。一师大约是两千五百人，师下是旅、卒、两和伍。一个伍为五人，五个伍构成两，"五两为卒，五卒为旅，五旅为师"。统领军队的武职官员自上而下是师氏、亚旅、千夫长、百夫长等等。周朝的兵种主要分为车兵和徒兵两大类。作战的时候，以战车为主，徒兵随车前进。周王直接控制指挥的军队有两支。一支是驻守镐京的西六师，专门负责保卫王畿的安全；另一支驻守在成周，称为成周八师或殷八师，主要负责监视宋、卫一带的殷商"顽民"和控制广大中原地区。两支部队共为十四师，是周王朝的主要军事力量。除西六师与成周八师外，周王还掌握着一支随时听从其调遣的禁卫军，称作虎臣或虎贲氏。这支部队是由王朝内最精锐的士兵组成，是一支常备部队。在周天子的南征北伐中，四方诸侯有责任提供部队参加，所以从某种角度说，诸侯的军队也可以看作是西周王朝的地方部队。

西周王朝的兵役制度，为"兵农合一"的体制，禁卫军以外的士兵都是战时为兵，平时务农。所有国人，都有义务参加王朝的军事行动。为提高士兵的战斗力，西周实行"三时务农而一时讲武"的军事训练体制，即春夏秋三季进行农业生产，冬季农闲时集中进行军事训练。训练成绩优秀的平民，就有机会被选拔为士，成为最低级的贵族。

西周时期"学在官府"，当时只有官府所办的官学，没有个人开设的私学。只有具有国人身份的人，才能够进入官学学习。学校分大学与小学两种。周人一般在八岁时入小学，学书写、计算、音乐等基本知识。到十五束发后进入大学，进一步学习礼、乐、射、御、书、数这六艺。西周时期，大学也称辟雍，大学一般建在四周有水环绕，附近有广大的园林的郊区。大学在当时不只是教书育人的所在，也是国人举行行礼、奏乐、集会、练武和聚餐的场所。西周时期，形成了两个非常重要的学说，即阴阳说与五行说。这两大学说可说是贯穿了中国传统文化的始终。

后 记

帝王君主悬案、后宫嫔妃玄案、太子公主秘案、治国名臣秘案、戎马将军血案、红颜美人悲案、官宦乱政诡案、官场浮沉险案、科场舞弊奇案、文字大狱冤案、酷吏贪官黑案、方士巫蛊怪案、变节投降异案、谋杀行刺惊案、文明考古谜案、文化艺术疑案、名人逸事轶案、盗掘古墓大案……历史深处有疑问。历史发生了什么？历史隐藏了什么？

历史是先人们曾经走过的路，曾经做过的事，是记载在竹简、纸张上的文字，是无法再现的过去。阅读一个民族的历史，就是了解一个民族的过去，就是在继承一个民族的文化。通过品味那些沉淀的苦涩与酸甜，参阅那些王侯将相的是非功过、贤哲圣人的智慧结晶、平民布衣的喜怒哀乐、奇人异士的趣闻野史以及国家的兴亡、朝代的更替，可以在休闲中靠近昨天，靠近先人，靠近那些承上启下的文化。

本书以史实为依据，侧重科学性和真实性，多角度、全方位地逐层透析这些案件背后的各个疑点，客观、科学地分析其成因、特点及其破译进展情况。让我们在感受玄妙历史的同时，从历史中借鉴经验，从故事中收获记忆，从谜案中找寻真谛。

我国是一个有着5000年灿烂文化与悠久历史的文明古国，我们的祖先以其惊人的创造力为我们创造了璀璨的文化遗产。但在历史为我们留下了无数值得研究和典藏的财富的同时，也给我们留下了一个个不解的谜团，很多历史真相并不能根据现有的一些资料对其进行还原。未解之谜无处不在，它们贯穿在时光隧道的各个角落，历史、文化、科技等诸多领域都存在众多的疑团。让我们从各个角度对我们的祖先有一个更加深入的了解，去探究一下华夏文明的源头。

要知道，历史绝不是一两个人，而是一个个形象生动的鲜活人物共同组成的。本书是以一个全新的角度来研究和探索中国历史，更加深入地还原和破译一个个重大的历史谜团，希望能够再现中国历史的精彩与变幻。虽然有许多史料典籍可供我们参考追溯，但是那些文字并不能为我们还原一个真实的历史。那些一直悬而未解的谜团仍受到许多人的关注，甚至让全世界对神秘的东方文明充满了好奇之心，深感中华文明的伟大与神奇。

本书为了方便读者的阅读习惯，对全文进行了分类编排，将人们感兴趣的历史疑点和谜团全方面地展现在读者的面前。希望能够带给读者对历史有一个全新的认识和感悟，用新视角去重温当年的历史，而且在获得历史知识的同时，能够获得更多的审美享受和想象空间，才是出版本书的最大意义所在。

在编排此书的过程中，我们查阅了大量的史书资料，但由于我们的水平有限，可能还有很多的知识点有欠缺和遗漏的地方，在本书中难免会出现一些错误与不足，还恳请众多读者批评与指正。